1억 2천만 원 까먹었다~
why?

13억 2천만 원 까먹었다~

Why?

| 이남은 지음 |

도서출판 **42** 애비뉴

| 머리말 |

다시 일어서라.
누구나 넘어질 수 있다. 그러나 넘어진 모든 사람이 다시 일어설 수 있는 것은 아니다. 넘어졌지만 일어서기 위해 노력해야 한다.
아직 목표 지점은 저 멀리 있지만 다시 달리기 시작했다는 사실만 으로도 충분히 행복했다.

- 박지성의 『멈추지 않는 도전』 중에서

경영은 목표를 향해 치닫는 마라톤과 같다. 한발 한발 내디디는 그 발걸음의 관문 하나하나를 통과하는 모든 과정이 완성품으로 향하는 작은 시도이다.
　최고경영자의 자리에 앉은 사람들은 흔히 대범함과 순발력 그리고 남다른 혜안을 가진 이들로 묘사하게 마련이다.
　"경영자가 위기를 극복했다"는 구절은 '여러 번의 달리기에서 쓰러지고 넘어짐을 반복하다가 상대방을 이겼다'는 것을 의미한다. 그래서 경영은 늘 변함없는 속으로 치열하게 달리는 마라톤과 같은 것이다.

| 머리말 |

홈런 타자들의 공통점은 '삼진아웃'이 많다는 것이다. 그러나 일반인들은 삼진 당한 것을 오래 기억하지 않는다. 성공은 실패를 통해 얻어지고, 희망은 절망의 결실이다.

생동감이 넘치는 기업 현장은 환희와 좌절이 엇갈리는 스포츠 경기처럼 언제나 나름의 감동을 준다. 정상에 서면 박수가 쏟아지고 정상에 서지 못해도 격려가 이어진다.

정정당당하게 싸운 만큼 아름다운 패배도 있다. 승자는 다음을 준비하지만, 패자는 실패에서 교훈을 배운다. 성공은 절망의 심연에서 낚아 올리는 월척과 같다.

위기는 때로는 단숨에 때로는 서서히 다가온다. 어느 경우든 위기를 극복하는데 필요한 것은 최고경영자의 혁신 마인드이다. 위기는 도처에서 드러나는데 불행하게도 이를 극복할 수 있는 경영자는 흔치 않다. 경영이란 큰 판돈을 걸고 벌리는 한판 승부가 아니라, 모든 경우의 수를 꼼꼼히 헤아리고, 난관을 만나면 놀라운 인내심으로 버텨내는 것이다.

눈앞의 성취에 안주하지 않고 미래를 준비하는 이들은 넘어져

도 쓰러져도 미끄러졌다는 생각으로 다시 벌떡 일어나는 '현명한 실패자'가 되어야 한다. 실제로 최고경영자들은 대다수 실패와 실수를 경험의 교훈으로 삼아야 한다. "실패와 성공은 종이 한 장의 차이"나 "실패에서 교훈을 얻는다"는 오래된 경구를 인용하지 않더라도 성공을 향한 실패들은 그 나름의 가치가 있다.

저자가 직접 회사를 경영하면서 경험했던 다양한 실패와 실수들을 이 책에 최대한 담으려고 노력하였다. 회사를 넘기고 다시 사업에 재도전하고자 하거나, 현재 사업이 제대로 잘 안 되거나, 지금은 잘 되나 한 단계 업그레이드를 원하거나, 새롭게 창업을 하고자 하는 사람들에게 롱런 컴퍼니가 될 수 있는 길잡이를 안내하는 지침서이다. 이들에게 조금이나마 도움이 되었으면 한다.

마지막으로 제1탄 『생산기술 베테랑 엔지니어가 되려면』, 제2탄 『치구만물박사』, 제3탄 『13억 2천만 원 까먹었다. Why?』을 만드는데 여러 모로 수고해주신 분들께 진심으로 감사한다.

일호이앤지 空手來空手去 이남은 씀

일러두기

〈이미지 컷〉

이 책에 삽입된 이미지 컷은 중국 사천성 성도(成都) 시에 살고 있는 저자의 장남과 한족 며느리 사이에서 태어난 지 1년 6개월된 손자이다.

〈용어 범례〉

- Ld 社와 Le 社 : 저자가 설립한 법인회사 에이디디 社의 최종고객사로 'LG 디스플레이'와 'LG전자'를 말한다.
- La 社 : 저자가 다녔던 LIG 에이디피 社를 말한다.
- W 社 : 저자가 인수받은 개인회사 원우정밀 社를 말한다.
- A 社 : 저자가 설립한 법인회사 에이디디 社를 말한다.

| 차례 |

머리말

제1장.
Why, 13억 2천만 원을 까먹었다

19	인수자본금의 원천
20	회사 설립의 배경
21	인수회사와의 협상
21	법인 설립 시 문제점
22	인수 시 멘토의 부재
22	인수회사의 성장 과정
23	최종고객사의 기술 제안에 따른 어려움
23	경영의 악화로 공장 이전의 검토
24	자가 공장용 토지 매입
25	신축 공장의 착수
25	인터넷 구인광고
26	엔지니어링 회사의 역할
27	신용등급의 하락
27	회사 M&A와 매각 검토의 시작
28	2대주주에게 회사 넘김
30	내 자신을 되돌아보다

| 차례 |

제2장.
13억 2천만 원, 까먹게 된 문제점을 분석한다

33   문제점 1. 참을성이 없이 성급한 성격
36   문제점 2. 치밀하지 못한 사업 전략과 추진 계획
37   문제점 3. 임직원들을 너무 믿는 습관과 리더십의 부재
38   문제점 4. '한 방에 모든 것을 해결한다'는 잘못된 생각
39   문제점 5. 신중함의 중요성
41   문제점 6. 3명 이상의 멘토 필요성
42   문제점 7. 탁월한 경력엔지니어의 부재
43   13억 2천만 원을 까먹은 내역은 이렇다

제3장.
최소 5가지, 기본방안을 실천하면 롱런 컴퍼니가 된다

49   기본방안 1. 서두르지 말라
50   자감타감
51   공수래공수거
51   주도적으로 행동하라
55   전 임직원들이 코칭 지도를 받았다면, 성과가 나오게끔 해라

55	포기하지 않는 자가 결국엔 승리한다
55	절실히 염원하면, 무엇이든 이루어진다
56	희망이 우리 삶을 지탱해주는 원천
57	꿈은 하루 아침에 이루어 질 수 없다
58	반대 없는 의사결정은 위험하다
58	가장 감사해야 할 사람은 나를 반대한 사람이다
59	거름을 만드는 비결
60	쉽고도 어려운 문제
61	회사 내의 문제점을 파악하라
61	도랑에 빠진 소를 떠올려라
62	회사를 인수인계한다면, 직원들을 물갈이해라
62	엔지니어를 잘 뽑아라
63	사장이 좋아하는 직원들과 직원들에게 해 줘야 할 일
67	**기본방안 2. 경쟁에서 지지 말라**
67	자사의 경쟁력을 키워야 한다
68	경쟁에서 이겨야만 생존한다
68	한계에 맞서지 않는 사람이 진정한 비극의 주인공이다
69	개인의 경쟁력도 키워라
70	작은 것부터 실천해라

| 차례 |

71	열등감을 물리쳐야 한다
71	항상 '10년 후 무엇을 먹고 살 것인가'를 고민해라
73	마케팅 능력, 상품 기획력, 제조 기술력을 높여라
73	나는 어제의 나와 경쟁한다
73	시간과 싸우자
74	설비 투자의 지연 시 대응방안이 있어야 한다
74	사소한 것들이 모여 위대함을 만든다
75	노력해서 안 되는 일은 없다
76	개선 무한의 3대 원칙
76	편안한 삶에는 성장이 없다
77	일이 많고 힘들다고 실제로 죽는 사람은 없다
78	할머니의 도전
80	멋진 프로
80	허영심을 버려라
81	괴로운 과거는 지워 버려라
81	가진 게 없다고 기죽지 말라
81	내 자신부터 변해야 된다
82	변화만이 성장을 이끈다
82	오뚝이의 정신
83	성공

84	역경을 이겨낸 만두가게 사장
85	위기는 생각보다 빨리 오고, 기회는 생각보다 늦게 온다
85	실패는 없으며 교훈이 있을 뿐이다
86	위험이 있는 곳에 기회가 있다
87	창조성을 키우는 말과 죽이는 말
87	방법이 없는 것이 아니라 생각이 없는 것이다
88	일본 U 社의 장점을 벤치마킹해라
89	S 社의 선진기술을 확보하는 방안도 벤치마킹해라

89 기본방안 3. 화 내지 말라

90	욱하는 성격 때문에 손해를 많이 본다
90	엔지니어들에게 화가 나도 고함치지 말라
91	경쟁에서 이기려면, 사장은 덕목을 가져라

91 기본방안 4. 뽐내지 말라

92	겸허한 마음가짐을 가져라
93	지금 누리는 것에 늘 감사해라
93	중지의 경영을 해라

| 차례 |

94	기본방안 5. 초지일관
94	영업력은 친밀감이다
95	진정한 영업은 진정성을 가지고 홍보하는 것이다
95	친절을 베푸는 행위는 결코 밑지는 법이 없다
96	고객제일주의를 철저히 실천하라
96	디테일이 힘이다
97	정직함이 최선의 방법이다
98	속이지 말라
99	기본을 준수해라
100	승리의 여신은 노력을 사랑한다
100	찾으려고 노력하는 사람에게는 길이 보인다
101	이제 버리십시오
102	눈의 효력
103	목표 달성을 위해 한눈을 팔지 말라

제4장.
실천방안 5가지, 롱런 컴퍼니로 가는 길을 앞당긴다

107	실천방안 1. 용기를 가져라
107	실패는 '용감했다'라는 말과 동의어이다
108	실패 예찬

108	진정한 용기
109	큰 목표가 뇌를 움직인다
111	단순함, 그것은 천재에게 주어진 재능이다

111.	**실천방안 2. 게으르지 말라**
111	실수한 자는 용서를 해도 게으른 자는 용서하지 마라
112	변화의 출발점
112	망설임이 최대의 장애물이다
113	가장 슬픈 말

114	**실천방안 3. 시기하지 말라**
114	미움, 시기, 질투로부터 벗어나는 방법

114	**실천방안 4. 얼굴을 찡그리지 말라**
116	긍정적인 생각을 해라
117	중졸 출신의 힐튼호텔 총주방장

117	**실천방안 5. 외로워하지 말라**
119	성공의 비결은 결코 운이 아니다
119	혼자하지 말라
120	더불어 잘 사는 것이 중요하다

| 차례 |

제5장
성공어록, 롱런 컴퍼니의 길이다

123	성공어록 1.	경영의 지혜
127	성공어록 2.	실패와 성공에 대한 명언들
129	성공어록 3.	반기문 총장의 성공하는 비결 19계명
130	성공어록 4.	행복을 만드는 12가지 원칙
135	성공어록 5.	성공하는 사람들이 해야 할 10가지 항목
141	성공어록 6.	스포츠 스타의 가슴을 찌르는 명언

부록

145	저자 소개
146	사업 소개
150	특강 내용

| 제1장 |

Why, 13억 2천만 원을 까먹었다

"미래는 현재보다 나을 것이다." - 셰인 J. 로페즈

A 社를 2대주주한테 넘긴 이후, 저자는 새로운 사업을 추진해 보았고 여기저기 직장생활도 했었다. 이런 와중에 가정생활은 힘들었다. 이렇게 힘들었던 것들도 지금에 와서 생각해 보니 "그때 좀더 그랬으면" 하는 아쉬움이 뇌리를 스친다.

이런 마음으로 "실패에서 교훈을 얻고, 실패를 줄이는 기회가 되기를 바라는 마음"으로 까먹은 13억 2천만 원의 내역을 다음과 같이 정리할 수 있었다.

인수자본금의 원천 ▶▶ 문제점 : 저자와 La 社 간의 처우조건 합의 無

1999년 12월, 저자는 Ld 社로부터 La 社의 대표이사를 맡아달라는 요청을 받았다. 그때 CEO 영입조건으로 차량, 급여, 지분조건 등과 관련해서 적절한 합의가 있어야 했었는데, 'Ld 社에서 알아서 처우해주겠지'라고 생각해 그냥 넘어갔다. 그런데 몇 년이 지나고 La 社가 코스닥에 상장할 계획이 있다 보니, 임직원들한테 배당되는 주식 지분은 Ld 社에서 임의로 3%로 정해, 저자는 아무 말없이 그냥 받아 드릴 수밖에 없었다.

지금 "초기에 CEO 영입조건의 처우와 관련된 부분을 사전 협의했었더라면, 주식 지분 3%보다는 더 많아지지 않았나"라는 생각이 든다.

회사 설립의 배경

▶▶ 문제점 : 인수회사 관련 컨설팅의 부재 및 저자의 무모한 자부심

2000년 1월 1일, 저자는 La(전직(前職) 회사) 社를 법인으로 설립하여 대표이사가 되었다. 실제 오너가 아니라 월급쟁이 사장이었다. 매월 경영실적에 대한 보고와 장비 영업에 대한 스트레스, Ld 社(최종고객사)로부터 '자기네 임원들이 퇴직할 때마다 La 社의 대표이사로 두라'고 지시해 이로 인해 스트레스가 쌓였다. 또한 회사 일을 제대로 하지 못했고 바지 사장으로써 일하는 보람도 없었다. 이런 와중 La 社의 2차 하청업체로 많은 일을 하고 있었던 "W 社에서 회사를 매각한다"는 이야기를 들었다. 그 당시 W 社에서는 "회사를 인수하겠다는 회사가 현재 3군데 있으므로, 저자한테도 회사를 인수할 것인지 아닌지를 빨리 의사결정을 해야 한다"고 유도했다.

저자는 회사매입전문가나 기존회사의 임원들과도 W 社를 인수하는 방안을 의논하지 않았고, 혼자서 여기저기 물으면서 인수 여부를 검토하게 되었다.

그 당시 회사를 인수하게 된 배경은 이렇다. 지속적으로 LCD(Liquid Crystal Display) 장비에 투자한다면, 장기적 측면으로 본 시장 환경은 매출 1,000억 원까지도 가능하다고 예측했고, 나중엔 자식들한테 회사를 물려줄 수도 있을거라고 생각했다.

무엇보다 저자는 자신감있게 일을 잘 할 수 있고 노력한 만큼 성과가 있을 것이라고 판단했다.

인수회사와의 협상 ▶▶ 문제점 : W 社의 일방적 인수금액 제시

W 社(인수회사)의 사장은 전체 인원 33명, 1공장, 2공장, 기숙사를 포함한 보증금 1억 5천만 원에 월세 1,500만 원(전기세 등 공과금 제외), 사무실 비품, 오토캐드 등을 포함해서 총 16억 7천만 원의 인수금액을 제시했다.

법인 설립 시 문제점 ▶▶ 문제점 : 법인 설립 과정의 무시

가장 큰 문제는 인수자금의 마련이었다. 인수자금은 지인들과 친척들을 통해 1~3배수로 자본투자를 받았으며, 자본금 10억 8천만 원 중에서 저자 지분은 60%가 넘었다. 이때 자본금 마련은 매입전문가를 통해서 진행했어야 했었는데, 주먹구구식으로 일처리했다. 사실 법인의 설립자본금은 별도 통장으로 관리해야 하고, 은행에 하루는 예금되어야 했다. 이렇게 되어야만 법인 설립을 신청할 수 있었는데, 저자는 이런 사실을 몰라 그냥 지인들과 친척들한테서 투자금이 은행으로 입금되자마자 곧바로 인출해 버렸다.

그만 타이밍을 놓치고 말았다. 사채업체한테 설립자본금으로 10억 8천만 원의 설립자본금 통장을 의뢰하였고, 이에 대한 수수료로 700만 원이 들었다. 나중엔 일이 꼬이다가 보니 사채업체가 다른 일로 구속되어 조사하는 과정에 저자 일도 발각되어 생각하지도 못했던 벌금 250만 원을 물게 되었다.

인수 시 멘토의 부재 ▶▶ 경솔하고 성급한 계약 체결

하루는 La 社의 임원(CFO)이 W 社(인수회사)에서 제시했던 인수 항목과 금액 등이 타당한 지를 검토했었는데, "W 社에서 제시하는 금액이 너무 비싸다"고 언급했다. 그리고 "특허도 없고 특별한 것도 없는데, 이 비용이면 차라리 신규로 법인을 설립하는 편이 훨씬 좋다"고 했다.

저자는 이미 회사를 인수하기로 계약한 이후라 어쩔 수 없이 그냥 인수해야만 했다. 인수회사의 2004년도 매출은 3,000만 원 정도(3개월 간)이고 2005년도에는 LCD 검사장비의 설계까지도 수주를 받아 제작했기 때문에 매출 71억 원까지 상승했었다.

인수회사의 성장 과정 ▶▶ 인수회사의 임직원들이 환경 변화에 적응 못함

막상 W 社를 인수해서 보니, 회사 자체에서 내세울 만한 독자기술이 없었다. 저자는 타사와 차별화하겠다는 생각의 하나로 '3D 설계 소프트프로그램'을 약 2억 원에 구입했다.

인수회사의 임직원들이 체계적으로 인성과 기술교육을 제대로 받지 않았던 상황이라, '년간 코칭 교육과정'도 만들었다. 저자는 "전 임직원들을 잘 교육시켜야 한다"는 생각으로 "내 자신부터 변하자"고 외쳤지만, 임직원들은 하나도 변하지 않았다. 결국 새로운 환경 변화에 적응하지 못한 임직원들은 하나 둘씩 퇴사하기 시작했다.

최종고객사의 기술 제안에 따른 어려움
▶▶ 문제점 : 독자적 LCD 장비의 미개발

A 社의 2006년도 매출이 53억 원으로 전년대비 18억 감소해, 저자는 고민이 많아졌다. A 社가 핵심 기술을 확보하는 한 방안으로, 저자는 타사와 협업하기로 했다. Ld 社(최종고객사)와 직접 거래할려고 기술제안서와 프레젠테이션 등을 실시했는데, Ld 社의 K 부사장이 "1차 협력업체인 La 社에서만 검사장비를 개발하고, A 社(저자가 인수한 회사)는 기술 제안은 직접하지 말라"고 했다.

이로 인해 A 社는 최종고객사인 Ld 社와 제안을 직접하는 것이 아니라 1차 협력업체를 거쳐야 하기 때문에 수익성이 감소하게 되었다. 더욱 회사는 어려움을 겪게 되었다.

경영의 악화로 공장 이전의 검토
▶▶ 문제점 : 주거래 은행의 적극적 권유

2007년부터 A 社의 경영 실적이 악화되면서 2개 공장을 포함한 월세 2,000만 원은 부담하기가 힘들었다. 이때 문뜩 '월세와 공과금 등을 합한 금액과 은행 대출을 받으면 자가 공장을 가질 수 있다'는 섣부른 생각을 하였다. 그래서 여기저기 값싼 땅을 보러 다녔다. 교통이 괜찮고 평당 가격이 50만 원 정도로 찾아다니다가 우연히 안성시 원곡면 성은리 야산(경부고속도로의 서울 방면에 있는 안성휴게소의 뒷편)을 보았다. 토지 주인이 기초토목공사를 무상으로 해주는 조건으로, '$3.3m^2$당 34만 원 $\times 9586.7m^2$

(2,900평)=약 9억 8천만 원'까지 가격 협의가 되었다.

A 社의 주거래 W은행 담당자와 지점장도 함께 현장에 갔다. 직접 눈으로 보고, 이들은 "괜찮으니 신축공장의 주위에 있는 땅을 더 사라"고 했다.

자가 공장용 토지 매입 ▶▶ 문제점 : 회사 이전 지역의 주변 사람들 텃세

클린룸 안에서 LCD 생산장비가 사용된다. 그렇기 때문에 최종 고객사로부터 장비를 수주받으려면, 신축되는 공장 건물의 내부 구조에는 반드시 클린룸으로 설치되어야 했다. 그래서 '클린룸 300평+준 클린룸 200평'의 건물 평수로 해서 총 500평이 되어야 했다. 1층에는 클린룸과 준 클린룸, 3층은 사무실, 식당, 기숙사 등으로 하면 총 비용이 40억 원 정도의 80%는 은행대출이고, 나머지 20%는 회사에서 자부담하기로 했다. 상환 방법은 3년 거치 7년 상환 조건으로 계약을 했다.

2007년 봄, 토목공사를 진행될 때 무연고 무덤이 나왔다. 이 무덤을 이장하는데 1,000만 원의 별도비용이 들어갔다. 또한 여름 장마로 돌로 쌓아 올린 축대가 무너져서 피해를 본 사람들에게 보상도 해주었다. 동네에서는 행사가 있을 때마다 가전제품의 기증을 요구하는 등 생각하지도 않았던 추가비용이 더 들었다.

신축 공장의 착수
▶▶ 문제점 : 부동산임대계약, 사장 혼자의 과도한 업무 처리, 교통문제

건축 진행과정을 감독해야 할 회사 내 책임자가 없었다. 그래서 저자는 직접 1주일 2번씩 경기도 시화공단에서 안성시로 왔다갔다하면서 건축되어 가는 과정을 감독하다 보니, 회사는 회사대로 영업하기도 힘들었고 몸도 지쳐 갔다.

W 社를 인수할 당시 부동산임대계약은 매년 계약하는 것이 나을 것을 혹시 임대료가 올라갈 수 있을 거라 생각되어 임대계약 기간을 4년으로 했다. 이 계약 기간이 안 끝난 상태에서 회사를 이전해야 했다. 건물 주인은 '공장 이전으로 남은 10개월치를 전부 공제'해 보증금을 주니 남은 돈은 거의 없었다.

또한 회사가 시화공단에서 안성시로 이전되면서, 회사를 못 다니겠다는 일부 임직원들이 생겼다. 그리고 남아 있는 직원들에게는 교통비로 월 30만 원을 추가로 지급하기로 했으나, 퇴근 후 집으로 되돌아가기가 너무 멀다고 하면서 결국에는 퇴사하는 직원들이 많아졌다.

인터넷 구인광고
▶▶ 문제점 : 유능한 엔지니어의 확보 어려움

대부분의 엔지니어들은 '잡 코리아', '사람인'을 통해 구인이 이루어졌지만, 이들은 입사한 지 며칠 안 돼 그만 두는 일이 반복되면서 결코 유능한 엔지니어는 충원할 수 없었다.

유능한 경력 엔지니어를 영입하기 위해서라면, 저자가 갖고 있는 일부 주식이라도 양도해주거나 스톱옥션을 주려고 하는 노력들이 없었다.

유능한 엔지니어 = 회사의 경쟁력

엔지니어링 회사의 역할 ▶▶ 문제점 : 비즈니스 방법의 잘못

A 社는 장비제작의 2차 협력업체로서, 처음에는 자체 설계 제작까지 가능해 부가가치가 높았으나 장비설계 업무가 줄어들었다. 또한 임가공, 조립 위주로 수익성이 떨어지고 엔지니어링 위주의 회사로 전환도 용이하지 않았다.

사장인 저자는 직접 발로 뛰어다니면서 일을 달라고 요청해야 했었는데 '알고 지냈던 후배들이라 알아서 일을 주겠지, 모 기업에서 챙겨주겠지, 전직회사 La 社와 최종고객사 Ld 社에서 일을 주지 않겠나'라고 안일하게 생각했다. 실무담당자를 직접 만나는 것이 아니라 메일이나 전화로만 일 달라고 한 것도 큰 잘못이었다.

그래도 억지로 저자가 잘한 점을 말한다면, 전체 40억 원(은행 80% 부담)을 들여 년 매출 200억 원이 가능한 자가 공장을 안성시에다 신속하게 추진하여 인프라를 구축했다는 것이다.

신용등급의 하락   ▶▶ 문제점 : 원금 상환의 이해 부족과 대출금의 압박감

은행으로부터 '3년 거치 7년 원금 균등' 상환의 대출 조건으로 돈을 빌렸다. 지금 생각해보니 3년 동안 이자를 내고 3년 이후부터 원금과 이자를 동시 균등 상환(분기당 1억 5천만 원을 갚는 것)하는데, 이것이 문제이었다. 결국 회사는 5년 이상을 못 버티게 되었다. 회사가 기반을 잡고 수익성을 확보하는 데 '3년'이라는 기간은 너무나 짧았다. 이 거치 기간이 잘못이었다. 거치 기간은 최대한 길게 하면서 원금 상환하는 것이 바람직하다.

또한 회사의 매출도 점차 줄어들어 적자가 발생하니 회사의 신용등급은 점차 떨어져 2009년도 이자는 2008년 대비 60% 증가로 약 1,500만 원을 더 내야만 했다.

회사 M&A와 매각 검토의 시작
   ▶▶ 문제점 : 회사 회생 절차의 이해 부족과 성급한 의사 결정

회사 경영이 어렵다 보니 인건비라도 줄이려고 아내를 불러 회사 내 식당에서 무보수로 일하게 했고, 자녀들도 도와 달라고 했다. 비용을 줄이는 만큼 저자는 심리적 압박감은 더 많아져 경영상에 더 힘들지 않았었나 싶다.

그래서 M&A와 매각도 다방면으로 알아보았으나 여의치 않았다. 영업 담당으로 K 사장을 영입하여 회사가 살 돌파구를 마련하고자 했으나 한계가 있었다. 또 좋은 조건으로 회사를 인수받겠다고 한 B 사장도 결국 계약서대로 이행을 못해 계약 파

기하면서 공증비, 영업비용, 운영비, 급여 등으로 많은 손해를 보게 되었다.

이 K 사장과 B 사장은 인터넷으로 처음 알게 된 사람들이었다. 잘 모르는 사람과 계약해서 이행하는 것을 다시 한 번 재고해야 한다.

저자한테 '회사를 2대주주로 넘긴다'는 것은 '나를 믿고 투자한 주주들로부터 이제까지 쌓아올린 신뢰감이 한 순간에 떨어진다'는 의미이다. 그래서 마음이 너무 아팠다.

상황이 이러다 보니, 자금에 시달려서 술이 아니면 잠도 못 이루고 정신적 스트레스는 말이 아니었다. 그러다 보니 회사 회생 절차를 추진하게 되었다. 일단 회생 절차를 하기 위해 계약금 1,000만 원을 회생절차업체에 보냈다.

회사 회생 절차를 했었던 지인을 만나 조언도 들었더니 "회생하는데 시간이 많이 걸리고 회생 추진 시 보증인(주주 겸 등기이사)이 보증선 것에 대해 무한책임이 있어 은행에서 법적으로 걸 수 있다. 잘못되면 보증인의 회사도 문을 닫게 될 수도 있다"고 했다. 결국 저자는 회사 회생 절차를 포기하게 되었다. 결국 회생 절차의 계약금 1,000만 원을 날렸다.

2대주주에게 회사 넘김　▶▶ 문제점 : 양도양수 관련 협의 시 의논 부재

도저히 회사를 유지하기가 어려워 2대주주에게 '전 임직원들

은 그대로 인수하면서 은행과 기술보증기금에서 본인과 친척 이름으로 된 보증은 해제하고, 거래은행의 대출금, 거래처 미수금, 타행 대출금을 갚는 조건'을 저자가 보유한 주식 지분의 전부를 인계하는 것으로 대신했다. 결국 회사매매만 전문으로 하는 중개회사(수수료 3,000만 원)를 통해 결국 2대주주에게 회사를 양도양수하게 되었다.

이 양도양수의 과정을 거치기 전, 저자가 A 社와 지인회사 P 社의 사장과 조금 일찍 의논했었더라면, 주거래 W 은행을 다른 은행으로 바꿔 원금 상환 방법을 변경할 수 있었다. 그리고 '거저 넘기는 수준'의 양도양수 조건은 이루어지지는 않았을 것이다. 현재 회사 부지와 건물의 부동산 가격은 현재 5배 이상 오른 상태이다.

회사의 경영이 좋을 때 은행에서는 돈을 쓰라고 제안하지만, 경영이 나빠지면, 한 마디로 "비 올 때 우산을 뺏는다"는 것을 새삼 깨달았다. 그래서 무차입 경영이 되도록 회사 경쟁력을 올리는 것이 최선의 방법이다.

회사를 경영했던 5년 동안의 수업료로 13억 2천만 원이 들었다. 독자 여러분들께 저자가 실패하고 실수했던 것들을 상세히 소개했으므로, 여러분들은 저자와 같은 시행 착오(재발 방지, 미연 방지)를 절대로 겪지 않았으면 정말 좋겠다.

무차입 경영!!!!!!!!

내 자신을 되돌아보다

회사를 넘기고 전기절약상품을 판매하는 I 社의 중부대리점으로 창업했었으나 중도 하차했다. 또 자동화기기부품을 판매하는 대리점을 열었는데, 가격 경쟁력이 떨어져서 문을 닫았다.

저자가 최종고객사인 L 社 출신이라서, 기존 알고 지냈던 한 장비제조 회사로부터 사장으로 영입되었으나 영업 실적이 저조해서 결국 그만둘 수밖에 없었다.

진정 내가 가장 잘할 수 있는 일은 무엇인가?
어떤 일을 하면 보람을 느낄까?

이런 고민들을 하다, 현재는 간편 및 치구자동화 관련 사업과 자동차제조의 2차 협력업체에 '산업혁신 3.0 운동 관련해서 컨설턴트'로서 활약하고 있다. 비록 작은 일이지만, 항상 감사하는 마음으로 살아 가고 있다.

◘ 중소기업 J 社에서 컨설팅하고 있는 저자

| 제2장 |

13억 2천만 원, 까먹게 된 문제점을 분석한다

문제점을 개선하려면, 먼저 내부에서부터 문제점을 찾아야 한다.

저자는 회사를 5년 이상 유지하지 못했다. 참으로 가슴 아픈 일이었다. 지금에야 세월이 흘려 "왜? 회사를 제대로 운영하지 못했나"에 대해 나름대로 분석하고, 이 분석된 결과에서 가장 문제점이 되었던 주요 7가지를 추려볼 수 있게 되었다.

문제점1 ◐ **참을성 없이 성급한 성격**

2004년, Ld 社의 임원들이 "최종고객사 Ld 社의 임원이 퇴임하면 La 社(전직 회사)에 자리를 만들 수 없느냐?", "매월 경영실적 보고시 이러이러한 프로젝트를 추진하도록 Ld 社에서 직접 받아와라" 등을 지시함에 따라 저자는 많은 스트레스를 받았다.

  2004년 4월 해외출장길에서, 저자는 La 社의 대표이사와 함께 저녁식사를 하다가 "회사를 그만 두겠다"고 생각없이 성급하게 말을 꺼내 버렸다. 그 당시 저자는 새로운 사업 구상을 위해 치밀하게 계획을 세우지도 않은 상황이었다. 지금 돌이켜보면 "회사 생활이 너무 행복이 겨우니 행복할 줄 모르고, 단지 내 입장에서만 스트레스를 극복하기 위해 너무나 성급하게 행동한 것"이 정말 원망스러웠다. "한 순간을 참으면 한 평생이 편안하다"는 것을 항상 마음속에서 메아리치고 있다.

  2005년, La 社는 코스닥 상장을 준비하는 중이었다. 저자는 La 社(전직 회사) 지분의 3%를 보유하고 있었고, Ld 社에서 시키는 대로 일을 해야만 했다. 그리고 La 社는 독자 기술이 없는 상태에서 최종고객사 Ld와 Le 社의 일거리를 강제로 빼앗오는 악

역도 대표이사로써 해야 했기에 일에서 보람을 찾기는 매우 어려웠다.

La 社의 CFO는 La 社의 연구소장을 영입하고 개발 엔지니어를 대거 데려오는데, 저자 자신은 학부 출신이 아니기 때문에 점차 내 자리가 위태롭다고 생각했다. 그래서 Y대 경영대학원의 최고경영자 과정을 수료하기도 했다.

저자는 엔지니어 대표이사이지만, 모든 걸 진두지휘하는 것에 대해 Ld 社의 임원으로부터 통제를 받았다. 매월 경영실적을 보고할 때는 Ld 社의 임원으로부터 많은 질타를 받았고, 이로 인해 항상 의기소침했었다.

결국 봄은 온다. 다만 혹독한 겨울을 견딘 사람만이 봄을 제대로 맞을 수 있다. 여러 눈 혹한기에는 두꺼운 옷도 껴입고 이불도 덮고 몸 성히 살아남는 게 무엇보다 중요하다.

사람은 눈앞의 욕구, 아름다운 겉치레에 현혹되어 실패할 확률이 높다. 그 이유는 사람이란 항상 욕망을 추구해가는 동물이며 자기의 욕망을 충족하는데 자제하지 못하기 때문이다. 사실 사람으로서 가장 중요한 것은 "자제력"이 아닐까 싶다. 좀 참고 견디려는 자세를 갖지 않고, 본래 자신이 지니지 않았던 값비싼 것을 손에 넣으려고 한다. 그런데 값싸고 손에 넣기 쉬운 데 달려들게 되어 나중에는 자책감에 사로 잡혀 후회의 나날을 보내는 경우를 종종 볼 수 있다. 여하튼 목표 달성을 무난히 이루어 나가기 위해서는 '인내'가 요구된다.

인내 = 용기

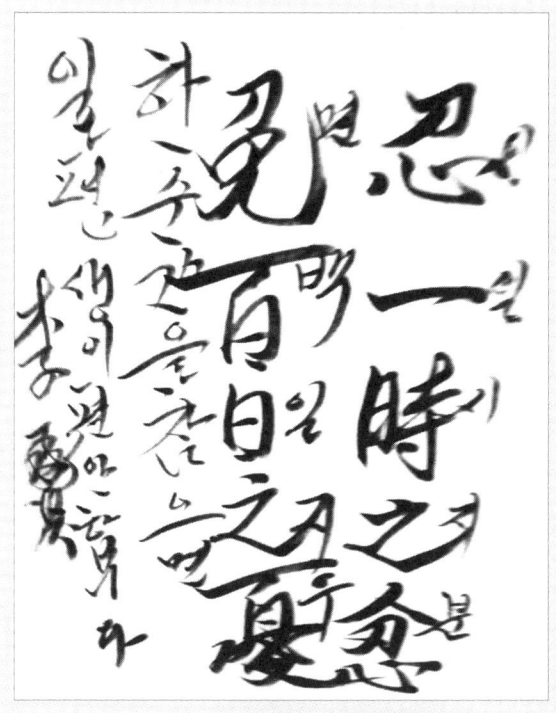

🔼 忍一時之忿 免白日之憂

🔼 아이는 안아달라고 떼써도 참는 것을 키워줘야 한다.

고진감래(苦盡甘來)

이 한자성어는 "즐거움을 먼저 누리게 되면 나중에는 고생을 하게 되고, 고생을 먼저 하고 나면 머지않아 즐거움이 온다"는 의미이다. 흔히 "젊을 때의 고생은 사서도 한다"고 말하듯이, 즐거운 생활을 찾기 보다는 먼저 고생부터 하라는 말을 저자는 권장하고 싶다. 이렇게 말하는 이유는 먼저 즐거운 생활을 하게 되면 즐거운 맛을 알게 되기 때문에 나중에 오는 고생살이를 여간해서는 견디어 낼 수가 없기 때문이다. 그 반면 먼저 고생을 맛보게 되면, 즐거움 뒤에 다시 고생이 찾아온다고 해도 고생이 있음으로써 즐거움이 있다고 깨닫고 얼마든지 참고 견디어 낼 수가 있기 때문이다.

문제점 2 ➡ 치밀하지 못한 사업 전략과 추진 계획

모든 일을 꼼꼼히 처리해 나감에 있어 빈틈없이 행동한다면, 사소한 일로 자신의 무덤을 파는 일은 없을 것이다.

저자는 개인회사 W 社를 인수해 대박을 터트려 보겠다고 계획을 세웠지만 치밀하지 못했다. 보기에 답답할 만큼 치밀하게 계획하고 꼼꼼히 마음을 써서 빈틈없이 매사를 처리해 나가려는 정신일 때, 모든 일이 뜻대로 이루어진다. 그래서 사업 계획을 수립하는 것도 자기 입장에서만 작성하는 경솔한 행동은 일을 수행함에 있어서 실패를 하게 될 위험성이 매우 크다.

　남들이 코끼리처럼 움직일 때, 저자는 치타처럼 달리지 못했다. 그리고 전체를 보는 안목과 돈의 흐름을 제대로 파악하지 못했다. 비즈니스 사이클을 잘못 파악하였고 회사의 리스크를 해결하는 방안을 찾는 것도 치밀하지 못했다.

　조그마한 개미구멍이 원인이 되어 높다란 제방이 무너져 수해를 당하게도 된다. 이 조그마한 실수와 방심으로 큰일이 깨지기도 한다. 사람은 큰일에는 조심을 하지만, 사소한 일은 자칫 소홀히 다루기 쉽다.

　비즈니스만 해도 별것도 아닌 조그만 일을 게을리한 탓으로 큰 성과가 하루 아침에 허사가 되어버리게 되는 일이 적지 않다. 조그마한 일이더라도 용의주도하게 처리해 나가는 자세가 얼마나 중요한 지를 마음속 깊이 새겨야 한다.

문제점 3 ◐ 임직원들을 너무 믿는 습관과 리더십의 부재

대기업에서 일했었던 저자와 중소기업에서 지냈던 직원들 간에는 '신의경영(信義經營; 회사는 임직원들에게 모든 걸 맡기고 경영한다) 차원'과 관련된 생각에는 차이가 많았다. 예컨대 자재 발주를 진행할 때도 '先 구두발주 後 품의결재'의 시점 차이가 많이 났다. 사장한테 사전 보고도 없이 일이 추진되었고, 심지어 자금도 위탁하여 맡기다 보니 몇백만 원이 안 맞는 경우도 발생하였다. 그래서 중소기업에서 자금 관리는 대표이사나 정말 믿을 수 있는 친인척들에게만 맡겨야 한다.

경영 컨설팅(Coaching)을 년간 계약해서 강제로 팀장들 중심으로 추진해 보았지만 임직원들의 변화는 없었다.

저자가 기대했던 것들을 수시로 직원들과 많은 대화로 풀지 못했고 회사 비전을 제대로 제시하지 못했던 것이 리더십의 부재로 나타났다.

문제점 4 ◐ '한 방에 모든 것을 해결한다'는 잘못된 생각

목표를 달성시키기 위해서 노력해야 된다는 것은 누구나 아는 사실이다. 그러나 이를 위한 방법은 천차만별이다.

저자는 성과를 빨리 올리기 위해 서두른 나머지, 이것이 원인이 되어 전체의 계획이 실패로 끝나 버리게 되는 결과를 가져왔다. 일단 목표를 세우게 되면, 어떻게든지 한 방에 모든 것을 해결하려고 했다. 목표를 달성시킴에 있어서 속도는 비록 느리더라도 한 단계 한 단계를 거쳐 나아가는 신중한 행동이 중요함에도 불구하고 급한 마음으로 그렇지 못한 경우가 많았다.

하나의 목표를 성취시키는 과정은 길고도 험하기만 한다. 목표를 세우고 달성하겠다고 결심했다면, 참고 견디는 인내심으로 착실하게 목표를 향해 한 걸음씩 전진해 나가지 않으면 절대로 달성할 수가 없다. 목표를 향해 나아가는 도중에 사람은 편안한 길로 도피해 버리기 쉽다. 이런 방심이 그동안 꾸준히 쌓아 올려온 노력을 순식간에 없었던 일로 돌리게 된다. 회사에서는 물론 학문이나 스포츠 등 다른 세계에서도 자기 자신을 성공한 대열로 올려놓으려면 반드시 오랜 기간에 걸친 노력의 축적이 절대적으로 필요하다.

문제점 5 ◆ 신중함의 중요성

목표를 달성하기 위해 계획을 세우는 과정은 신중에 신중을 기하여야 한다. 그렇지 않으면 사소한 일이 원인이 되어 계획 전체가 뒤틀어지게 된다. 참으로 조심할 일이다. 그렇다고 너무 신중을 기하느라 일이 답보(踏步) 상태가 되는 것도 곤란한 일이다. 스피드하게 추진함을 전제로 하되, 신중함을 잊지 않도록 해야 한다.

저자가 A 社를 2대주주에게 넘겨야만 했던 실패 원인을 돌이켜보면, '사소한 부주의'였다. 모든 일을 처리해나감에 있어 용의주도한 마음가짐으로 행동한다면, 사소한 일로 자신의 무덤을 파는 일은 없을 것이다.

일상생활에서도 신중함이 있는 마음가짐이 필요하다. 한 가지 일을 함에 있어서도 아무렇게나 처리하는 것이 아니라 신중하게 처리해야 한다는 것이 무엇보다 중요하다.

큰 꿈과 목표를 실현시키기 위해서는 돌다리를 두드려보고 곧바로 건너려 하지 않는 신중함을 지녀야 한다. 보기에 답답할 만큼 신중한 계획과 용의주도하게 매사를 처리해나가려는 정신일 때 모든 일은 뜻대로 이루어진다. 경솔한 행동은 일을 수행함에 있어 실패를 하게 될 위험성이 크다. 그래서 용의주도하고도 신중한 행동을 해야 한다.

⬆ 건너가기가 무서운데 어떻게 건너가나?

문제점 6 ◐ **3명 이상의 멘토 필요성**

La 社의 대표이사는 저자와 W 社 간 체결한 계약을 보더니 "W 社의 인수 금액인 약 16억 7천만 원은 너무 많기 때문에 검토해야 하고, 그 계약금액 같으면 회사를 직접 설립하는 편이 훨씬 비용도 적게 든다. 그리고 4년 계약으로 매월 월세만 2,000만 원, 전기세 등 몇백 만 원 들어간다" 등의 문제점을 지적했다. 그러나 이미 W 社와 계약한 상황이라 인수금액을 조정하기는 어려웠다.

그 당시 저자는 La 社의 대표이사와의 업무상 갈등 등으로 이 대표이사에 대해 말했던 불평과 불만들이 돌고 돌아서 결국 La 社의 대표이사의 귀에 들어갔다. 이로 인해 저자와의 사이가 더 멀어지게 되었다. 한 사람에 대해 말하는 뒷말은 결국 상대편의 귀에 들어가니 항상 말조심을 해야 한다.

사실 La 社의 대표이사는 재무 전문가로서 능력 있는 사람이었다. 이 사람과 계속 연결고리가 있었으면 '저자가 신규로 법인 설립을 하는 경우 자본금을 투자하게끔 유도하거나 향후 비즈니스에 지원하는 일' 등 다양한 멘토를 받을 수 있었는데 그렇지 못한 것이 아쉬웠다.

주위에 적을 만들지 말아야 이들로부터 멘토도 받을 수 있는 것이다. 또한 롱런 컴퍼니로 만들려면, 평소 3명 이상의 멘토를 만들어서 항상 의논할 수 있어야 한다.

⬆ 남의 이야기를 귀담아 들어야 한다.

문제점 7 ◉ 탁월한 경력엔지니어의 부재

들국화처럼 귀엽고 아름다운 꽃이라도 꽃이 필 때까지는 그 주위에서 야생하고 있는 잡초와 비슷해서 구분이 잘 안 된다. 사실 재능이 있는 사람은 자신의 재능을 나타내 보이려 하지 않는다.

예컨대 중소기업에서 한 직원을 유능한 인재로 육성해 놓으면, 이 직원은 다른 회사로 이직하는 경우가 너무나 많다. 그래서 인재를 육성하는 것보다 외부에서 연봉이 높더라도 유능한 엔지니어를 영입해 오는 것이 회사에서 무엇보다 중요하다.

유능한 엔지니어가 회사를 경영한다.

일반적으로 인터넷을 통해 엔지니어를 구인하지 않는 편이 훨씬 낫다. 오히려 지인의 소개로 뽑은 엔지니어는 인터넷 상에서 구인한 엔지니어보다 훨씬 더 오랫동안 중소기업에서 근무한다.

13억 2천만 원을 까먹은 내역은 이렇다

다음 자료는 개인회사 W 社를 인수하여 2004년 9월 법인 A 社 설립한 이후 현금과 차입금 등이 들어간 금액을 정리한 것이다.

5년 안에 A 社를 넘기면서 전직 회사인 La 社에서 받은 3% 주식 지분을 매각한 금액 11억 2천만 원과 현금 2억 원이 들어가 총 13억 2천만 원을 까먹었다. 수업료로 하기에는 엄청나게 지불하였다.

(주) A 社의 경영일
2005년~2009년까지

(주식 수)
이OO : 270,000주   매도금액 : 914,132,224원   지출일자 : (주)A社 2004년 창업후 가지급금 임금금액 : 442,050,000원
정OO : 67,500주   매도금액 : 210,648,433원   2007.10.22 : 10,000,000원
합계 : 1,124,780,657원+2억=1,324,780,675원   2008.01.10 : 180,000,000원
                                              2008.03.25 : 50,200,000원
(이OO 주식)   2008.09.08 : 40,100,000원
2006.01.17 : 10,000주   29,441,793원   2009.05.20 : 101,000,000원
2007.01.17 : 35,000주   98,290,089원   2009.06.29 : 50,750,000원
2007.01.22 : 39,000주   114,043,729원   2009.08.10 : 10,000,000원
2007.02.16 : 10,000주   31,484,000원
2007.03.19 : 30,000주   135,958,870원   2009년 8월경 (주)A社 2대주주(김OO 사장)에게 매각함
2007.03.20 : 15,817주   59,815,453원
2007.03.22 : 60,000주   239,918,867원   자동차 구입 : 2010.07.07 → 30,801,490원
2007.10.22 : 3,660주   9,857,753원
2007.12.20 : 65,523주   196,321,670원   (주)A社 창립인수(W社) 대금부족 → 농협대출
                                              200,000,000원 매월 1,315,000원 갚음[2년 후 168,440,000원 지급
(정OO 주식)
2006.06.22 : 4,000주   13,493,000원   (주)A社 창립인수대금 부족 정OO 224,000,000원 차입함
2006.08.17 : 30,000주   97,446,333원   총 지출금액 : 865,291,490원
2007.12.20 : 33,500주   99,709,100원

총 매도금액-총지출금액=259,489,167원
(주)A社 매각후 차입했던 비용 등 본인 통장 "0"리서 정OO 통장에서 지출하고 생활비로 전부 사용함
현재 개인회사 재창업 매각 이후 인생 이모작

| 제3장 |

최소 5가지
기본방안을 실천하면
훌륭한 컴퍼니가 된다

"내겐 그렇게 만들 저력이 있다." - 셰인 J. 로페즈

성공하려면 적극적이고도 과감하게 인생의 길을 걸어 나가는 것이 중요하지만, '기다림'의 정신을 잘 살려 자신에게 유리한 정보가 날아드는 기회를 기다리는 것도 경우에 따라서는 필요하다. 인생에는 긴 여정이 기다리고 있으며 일년 내내 바삐 돌아다니며 유익한 정보를 모으는 것은 몸을 혹사시키는 짓이다. 때로는 냉정하게 세상의 정세를 관망하면서 행운의 티켓이 손 안에 들어오기를 기다리는 것이다. 가만히 있어도 행운의 여신이 조용히 미소를 지으며 찾아오는 수도 있으니 기다림의 정신 즉, 서두르지 않는 정신을 유감없이 발휘해야 한다.

그리고 "물동이를 머리에 이고 하늘을 쳐다 본다"는 말이 있는데 실제로 하늘을 볼 수는 없다. "동시에 두 가지 일을 할 수 없다"는 의미로, 한꺼번에 여러 가지 욕망을 채우기란 불가능한 일이다. 인간의 욕망은 끝이 없지만, 아무튼 무리일 수밖에 없다. 특히 성공을 바라는 욕망이 크면 클수록 동시에 여러 가지 욕망을 이루기란 무리이다.

천재가 아닌 이상 동시에
두 가지 이상의 욕망을 동시에 채울 수 없다.

저자는 "사업은 마라톤과 같이 장기적 전략으로 우선 순위를 정해 단계별 목표를 달성하면서 다음 단계로 가는 것이 맞다"고 생각한다. 즉 하나의 목표를 완성시킨 다음에 또 다른 새로운 목표를 향해 도전해 가는 것으로, 하나씩 하나씩 확실히 성취시켜 성공체험하면서 나가야 한다.

"사람이 사람을 신뢰하는 것"은 매우 중요한 일이다. 사람이 사람을 보는 눈은 하루 아침에 길러지는 것이 아니므로, 강인한 마음과 풍부한 심성을 가지고 접해야 한다. 그리고 절제하는 힘을 가지고 있어야 한다. 비록 일시적으로 성공을 거두었다 하더라도 끊임없는 노력과 정진을 계속하지 않으면, 한 순간 방심하고 있는 사이에 "공든 탑이 한 순간에 무너지듯이" 지금까지의 노력이 수포로 돌아가고 만다.

회사 간의 경쟁, 자신의 목표 달성을 위한 길, 자신의 정신적으로나 육체적인 건강 관리 등 세상 전반에 걸쳐 해당되는 말이다. 그렇지만 일시적 성공에 마음이 들뜨게 되면 눈에 보이지 않는 곳에서 적이 침입해서, 여러 해 걸쳐 이루어 놓은 모든 것이 허사가 되어 버릴 수도 있다.

저자가 설립한 회사를 5년 이상을 못 넘겨 2대주주에게 매각되는 동안 많은 수업료를 내었다. 이런 과정에서 롱런 컴퍼니가 될 수 있는 최소 5가지의 기본방안을 다음과 같이 정리하게 되었다.

기본방안 1 ◐ **서두르지 말라**

성격이 급한 유형의 사람들은 실수가 많고, 손해를 많이 본다. 또한 물건이 어디 도망가는 것도 아닌데, 들떠서 조급하게 굴다가 끝에는 후회하는 패턴이다. 반면 지나치게 신중한 유형의 사람들은 결단을 내려야 하는 순간에도 망설이다 일을 그르친다.

지나치게 덜렁대는 유형의 사람들은 성공보다는 낭패 볼 확률이 더 높다. 그래서 저자는 "'성격이 급한 유형'과 '지나치게 신중한 유형'을 적절하게 절충하는 것이 바람직하다"고 본다.

저자의 경우는 성격이 급한 유형에 해당하는데, 중요하지도 않은 일을 가지고 직원들을 쪼아대다 여럿 명을 퇴직시켰다. 예컨대 10원 주고 살 물건을 100원 주고 사서 후회했었고, 실수도 많았다. 또 일을 실천하는데 있어 실천보다 말부터 앞섰고 자기 본인은 뭐 말했는 지도 모르고 직원들과 고객들한테 신뢰를 잃었다. 고객들의 의견을 안 듣고 회사에서 고객들의 일들을 마음대로 급하게 처리했다 보니, 고객들한테 왜 그렇게 했냐고 욕을 먹었다. 결국 고객들로부터 외면당했다.

이렇게 성격이 급한 유형의 사람들은 자신이 가지고 있는 성격을 제대로 파악하고 최대한 고치는 것이 좋다. 그래서 먼저 행동보다는 서두르지 않겠다는 생각을 먼저 해보는 것이 급한 성격을 고치기에 가장 좋은 방법이다.

먼저 심호흡을 다시 한 번 하거나 '왜 이런 행동을 서둘러야

되는지', '서두르면 손해 보는 것은 없는지' 등을 잠깐 차분히 생각해보는 게 좋다. 특히 주변 사람의 입장도 함께 고려를 해야 한다.

✱ 자감타감

저자는 책상 위에다 "자감타감(自感他感; '나의 감정을 조절하고 타인의 감정을 이해하라'는 의미)"이라고 붙여놓고 이대로 실천하려고 노력했는데 잘 안됐다. 서로가 원수가 되느냐 동지가 되느냐는 대인 관계에서나 마찬가지로 상대방에게 어떻게 말하느냐에 달려 있다.

어떤 상황에서도 생각나는 대로 입에서 나오는 대로 거친 말을 그대로 토해내지 않도록 마음을 다스리는 연습은 그래서 꼭 필요하다.

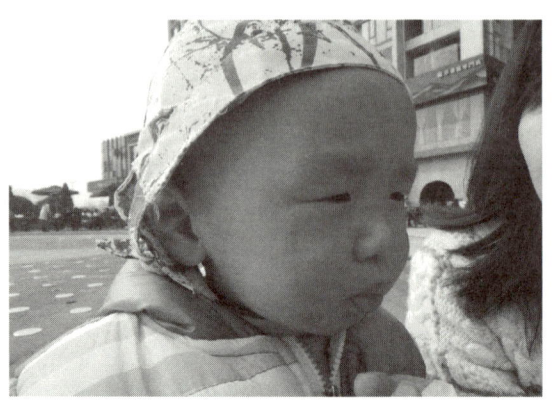

⇧ 울다가도 울음을 참을 줄도 알아야 한다.

❋ 공수래공수거

사람은 "공수래공수거(空手來空手去)"이다. 저자는 회사를 넘기고 어려움이 많았으나, 흐트러지지 않고 위기를 넘길 수 있었던 것은 "공수래공수거"를 항상 생각했기 때문이었다.

❋ 주도적으로 행동하라

'주도적 행동'은 원칙에 바탕을 두고 가치관에 따라 대응하는 것이다. 이런 행동을 실천하다 보면, 자신의 마음이 곧 평화롭게 된다. 그러나 그렇지 않은 경우는 '대응적(감정적, 복수적) 행동'이 되는 것이다.

예를 들어 보자.

예제 1. 밖에서 뱀에 물렸을 경우, 여러분은 어떻게 행동하시겠습니까?
주도적 행동의 경우) 뱀을 쫓아가지 않고 독을 없애기 위해 피를 빼낸다.
대응적 행동의 경우) 바로 뱀을 쫓아가서 돌 등으로 뱀을 죽이려고 한다.

예제 2. 음식의 반찬이 짜다면, 여러분은 어떻게 행동하시겠습니까?
주도적 행동의 경우) 그대로 잘 먹는다.
대응적 행동의 경우) 왜 짜냐면서 짜증을 낸다.

예제 3. 야유회를 가는데 비가 오면, 여러분은 어떻게 행동하시겠습니까?
주도적 행동의 경우) 실내에서 다른 놀이로 한다.
대응적 행동의 경우) 집에 간다.

예제 4. 약속시간에 자동차 길이 막히면, 여러분은 어떻게 행동하시겠습니까?
주도적 행동의 경우) 음악을 듣거나, 여행을 간다고 생각한다.
대응적 행동의 경우) 경적(警笛), 신경질을 낸다.

예제 5. 팀원들이 자기를 싫어하면, 여러분은 어떻게 행동하시겠습니까?
주도적 행동의 경우) 자기 스스로 개선해야 한다고 생각한다.
대응적 행동의 경우) 어디 한번 두고 보자고 생각한다.

예제 6. 팀원들이 복지부동하면, 여러분은 어떻게 행동하시겠습니까?
주도적 행동의 경우) 권한 이양을 한다.
대응적 행동의 경우) 혼내 줘야지, 내가 다 한다.

예제 7. 경쟁사를 이기려면, 여러분은 어떻게 행동하시겠습니까?
주도적 행동의 경우) 자사가 더욱 잘 해야 한다.
대응적 행동의 경우) 비난, 비판 등으로 어디 두고 보자고 생각한다.

예제 8. 퇴직을 당하면, 여러분은 어떻게 행동하시겠습니까?
주도적 행동의 경우) 제2의 인생으로 다시 시작한다.
대응적 행동의 경우) 실의에 빠지고 자책감을 갖는다.

주도적 행동의 경우는 자극과 반응 사이에서 잠깐 멈춰서 생각하고 선택하는 것이다. 반면 대응적 행동의 경우는 '자극=반응'하는 것으로, 곧바로 반응한다.

가치관 = 원칙에 따른 선택의 자유

⬆ 이젠 주도적으로 밥을 먹어라.

사물 자체에는 맑음도 더러움도 없고, 모든 것이 오직 사람의 마음에 달려 있다.

一切唯心造(일체유심초)

- 원효대사
(신라시대의 고승, 617년~686년)

실제로 고통은 없다. 우리가 살면서 다른 사람을 원망하거나 책임을 전가시키는 것은 대응적 행동의 경우에 해당한다. 우리가 다른 사람의 결점에 지나치게 집착한다거나 그들의 행동을 너무 기분 나쁘게 생각한다면, 우리에게 대단히 불리하게 되고, 우리가 현명하게 생각하고 느끼며 행동하는 능력을 상실하게 되기 때문이다.

⬆ 사진찍기 위해 포즈를 이렇게 취하라고 해서는 안된다.

✽ 전 임직원들이 코칭 지도를 받았다면, 성과가 나오게끔 해라

자네 생각은 어떤가?
앞으로 어떤 일을 하고 싶은가?
앞으로 어떻게 해나가고 싶은가?
그것을 완수하기 위해 어떻게 하는 것이 좋겠는가?
어떻게 하면 일이 순조롭게 진행될 수 있는가?
잘 되기 위해 회사가 도와줄 일은 무엇인가?

코칭 교육 시 회사 내 임직원들이 열심히 경청만 해도 '문제점의 반은 해결된다'고 하나, 건성으로 교육을 받아서 성과가 없었고 변하지도 않았다.

✽ 포기하지 않는 자가 결국엔 승리한다

인생은 평화와 행복만으로는 지속될 수 없다.
고통과 노력이 필요하다.
고통을 두려워하지 말고 슬퍼하지 말라.
참고 인내하면서 노력해 가는 것이 인생이다.
희망은 언제나 고통의 언덕 너머에서 기다린다.

— 맨스필드
(Katherine Mansfield, 영국의 비평가, 1888년~1923년)

✽ 절실히 염원하면, 무엇이든 이루어진다

염원하면 '무슨 일이든 이루겠다!'는 집념이 샘솟고,
그 집념에서 놀랄 만한 엄청난 힘이 나온다.
원래 인간에게는 누구나 기적을 일으킬 힘이 잠재되어 있다.
그것을 믿고 실행하는가, 그렇지 않는가에 달려 있을 뿐이다.

한 마디 덧붙이자면,
바보가 되어 무모하게 도전하는 마음을 가져야 한다.
- 메리 케이 애쉬
(Mary Kay Ash, 미국의 기업인, 1918년~2001년)

절실히 염원하면 그것을 실현시키기 위해
자연히 모든 것을 걸고 온힘을 다하게 됩니다.
따라서 우리의 바람이 이루어지는 것은 시간 문제입니다.
성공은 그것을 결의하는 가슴 속에 있습니다.
출발하기 위해서 위대해질 필요는 없지만
위대해지려면 출발부터 해야 합니다.
- 레스 브라운
(Les Brown, 미국의 강연자, 1945년~)

* **희망이 우리 삶을 지탱해주는 원천**
희망 없이는 단 4초도 살 수 없다.
사람은 음식 없이는 40일을,
물 없이는 4일을,
공기 없이는 4분밖에 생존할 수 없다고 한다.
그러나 희망이 없으면 단 4초도 살 수 없다.
희망은 우리에게 힘든 세월을 견뎌낼 수 있는 힘을 주고,
우리를 흥분과 기대감으로 부풀게 한다.
- 존 맥스웰의 『매일 읽는 맥스웰 리더십』 중에서

어느 기자가 윈스턴 처칠 수상에게 히틀러 나치 정권에 대항하여 영국이 소유하고 있던 최고의 무기가 무엇이냐고 물었습니다. 처칠은 단 1초도 망설이지 않고 대답했습니다.
"영국이 소유했던 가장 큰 무기는 언제나 '희망'이었습니다"
라고..

✱ 꿈은 하루 아침에 이루어 질 수 없다

하루하루 착실하게 노력을 쌓아 나감으로써 바라는 꿈은 완성된다. 이 꿈을 품고 있는 시점에서 사람은 그 완성도를 머릿속에 그리고 행동하기 마련이다. 이때 엄격하게 노력을 쌓아나가야 한다는 것은 잊어버리고 화려한 꿈을 추구하는 데에만 마음을 뺏기게 되는 경우가 허다하다. 그 결과 도중에서 좌절하게 되는 것은 어쩔 수 없는 일이다. 노력하지 않으면 좌절하게 되는 것은 당연하다. 일에 대한 큰 꿈의 성취를 바란다면, 조급하게 서둘지 말고 하루하루 착실하게 노력을 쌓아나가는 일이 중요하다.

⬆ 누구나 태어나서 일정 시간이 지나야 용변을 가릴 수 있다.

✽ 반대 없는 의사결정은 위험하다

    찬성 의견보다는 오히려 반대 의견이 올바른 의사결정을 위한 기본 조건이라 할 수 있다.

    나는 내게 반대할 수 있는 사람들을 원한다.
    자신들이 생각하고 있는 것을 두려움 없이 정확하게 말하는 사람,
    설사 그것이 내가 듣기를 원하지 않는 것이라 해도,
    나는 바로 그런 사람들을 원한다.
                                                - 헨리 크래비스
                       (Henry Kravis, 미국의 사모펀드 KKR 창업자)

    저자는 반대 의견을 내놓는 직원들도 원치 않았고, 반대 의견을 내는 직원도 없었기 때문에 회사가 넘어가게 된 원인 중의 하나이었다.

    리더는 칭찬 받으면 좋은 결정을 내리지 못한다.
                                                - 피터 드러커
              (Peter Ferdinand Drucker, 미국의 교수, 1909년~2005년)

✽ 가장 감사해야 할 사람은 나를 반대한 사람이다

    나를 진짜로 좋아하는 사람은 싫은 소리를 해 주는 사람이다.
    좋은 소리만 해주는 사람은 나중에 어려운 일이나 곤란한 일이 발생하면 뒤도 안 돌아보고 돌아서 가 버린다.
    나를 반대하는 사람은 성공을 돕는 한쪽 손이다.
    반대자의 공로는 어느 누구도 대신할 수 없다.

반대하는 사람이 없으면 위대한 일을 이룰 수 없다.
지난날을 돌이켰을 때
가장 감사해야 할 사람은 당신을 반대한 사람이고,
당신이 가장 용서해야 할 사람도 반대자이다.
　　　　- 장샤오헝(중국의 베스트셀러 작가)의 『인생의 품격』 중에서

1997년 중국 산샤댐이 완공되었을 때,
어떻게 성공했냐는 물음에 설계자는 다음과 같이 답했다.
"반대파들이 집요하게 반대했기 때문에 완벽하게 완성했다.
그동안 반대했던 사람들에게 진심으로 감사한다."
당장의 서운함만 잘 다스린다면,
반대자는 나의 성공을 위한 훌륭한 조력자가 될 수 있다.

✱ 거름을 만드는 비결
힘든 때일수록 자신의 가치를 알아야 한다.
상황이 어렵다고 해서
자신의 선택이 다 잘못된 것은 아니다.

아무리 좋은 선택을 해도 그것이 위대한 선택일수록
어려운 일은 있을 수 있다.
그 고생 끝에 기쁨이 있는 것이다.

현재의 고통과 외로움은 미래를 위한 거름이다.
그것이 쓰레기가 되어서는 안 된다.
현재의 좌절과 어려움을 쓰레기로 만드는 사람이 있다.
그런 사람은 쓰레기와 함께 썩어버리고 만다.

정말로 어렵고 힘들 때 그것이 거름이 되어서
거기서 꽃이 피는 것이다.

✱ 쉽고도 어려운 문제

옛날하고도 아주 먼 옛날 어느 고을의 원님이 쉽고도 어려운 문제를 내걸고 맞히는 사람에게는 큰 상을 내리겠노라고 했다. 문제는 붓으로 그은 일직선을 더 길고도 짧게 만들어 보라는 것이었다.

그 고을에 날고 긴다는 학자들이 모두 나서서 풀려고 하였으나 허사였다. 그때 주막에서 술 심부름을 하는 아이가 나서서 듬뿍 먹물을 찍어 그 위에 덧칠하여 더 긴 선을 그었다. 이것은 정답이 아닐 수도 있다. 하지만 보는 관점에 따라 덧칠을 하여 늘어났으니 원래 선보다 더 길고, 새로 칠한 선보다 기존 선이 짧으니 상대적으로 짧아졌다고 말할 수 있다.

우리는 일상 업무에서 많은 문제에 부딪히며, 이를 풀기 위해 최선을 다하지만, 우선적으로 편법과 지름길만을 생각하는데 익숙해져 있지 않는가? 하지만 이제는 본질에 충실해야 한다. 본질에 충실하다 보면, 의외로 해답은 그 안에 있는 경우가 많다.

✲ 회사 내의 문제점을 파악하라

문제점이 무엇인지 알아야 개선을 할 수 있듯이, 문제점이 무엇인지 모르고 안주한다면 무조건 실패한다. 현재 처한 문제점을 찾아 꾸준히 개선해 나간다면, 자기 자신도 모르는 사이에 효율성이 향상되어 일 처리 속도도 빠르게 되는 것이다. 먼저 회사 내부에서 문제찾기부터 해야 개선된다.

기회는 불행이나 실패의 모습으로 우리에게 다가온다. 모든 문제점 속에는 그 문제를 완전히 뒤집는 크고 작은 소중한 기회가 숨겨져 있다. 이 세상의 거의 모든 성공 스토리는 문제나 장애를 똑바로 인식하고 그 문제점을 기회로 바꾼 사람들에 의해 창조되었다.

- 아담 J 잭슨의 『플립사이드』 중에서

✲ 도랑에 빠진 소를 떠올려라

앤 멀케이(Anne M. Mulcahy, 미국, 제록스 최고경영자, 1952년~) 씨는 어려운 결정을 내려야 하거나 위기에 빠질 때마다 "도랑에 빠진 소 이야기"를 떠올린다.

"소가 도랑에 빠졌다면 우선 소를 건져내고 그 다음에 어떻게 해서 도랑에 빠졌는지 알아낸 뒤 다시는 소가 도랑 근처로 가지 못하게 대책을 세워야 한다."

4년 전 댈러스의 한 조찬모임에서 만난 동료기업인 앨버트 블랙 주니어(Albert Black Junior)에게서 들었던 조언이다.

- 2005년 3월 17일 동아일보

소가 도랑에 빠졌다면 이 조언을 들어보지 않았더라도 그렇게 했을 것도 같다. 하지만 막상 어려운 상황에 처하면 많은 경우 당황하고 제대로 대처를 하지 못한다. 그래서 나중에 돌이켜 보면 '별일'도 아니었는데, 대처를 잘 하지 못해서 일을 크게 그르쳤다는 것을 깨닫는 경우도 많다.

앞으로 위기에 처했을 때는 머릿속에 '도랑에 빠진 소'를 떠올려 보자. 소를 건져내고 왜 그 소가 도랑에 빠졌는지에 대한 원인을 알아내고 다시는 소가 도랑 부근에 못 가도록 대책을 세우는 나의 모습, 아무리 힘들고 어려운 위기 상황이라도 어찌 보면 '도랑에 빠진 소'의 상황과 그리 크게 다르지 않을 듯하다. 그리고 이렇게 침착하게 생각하고 행동하기 시작하면, 아무리 큰 위기에도 잘 대처할 수 있을 것 같다.

✱ 회사를 인수인계한다면, 직원들을 물갈이해라

대부분 중소기업의 엔지니어들은 정석대로 인성교육, 기술교육, 직능교육 등을 제대로 받지 않았다. 그래서 대기업 출신의 엔지니어들과 사고방식 등이 달라 서로 의견을 한 방향으로 모으는 데 어려웠다.

지인들로부터 "만일 한 회사를 인수한다면, '새 술은 새 부대로'처럼 기존 엔지니어들은 빨리 교체해야 한다"고 들었지만, 저자는 '문제없이 잘 될거야'로 판단했었다. 그렇지만 임직원들은 회사의 새로운 경영방식이 본인들과 맞지 않아 서서히 퇴사가 일어났다.

✱ 엔지니어를 잘 뽑아라

예컨대 회사가 시스템 엔지니어링을 목표로 정했다면, 엔지니어를 잘 뽑아야 한다. 이 시스템 엔지니어링을 잘 하려면 끝없이 현장에서 無에서 有가 만들 수 있어야 하므로 "창의적 아이디어가 결국 회사의 경쟁력"이 된다. 그래서 높은 지식의 소유자도 중요하지만, 무엇보다 창의적이고 도전적인 엔지니어가 더욱 중요하다. 또한 작은 일에도 감사하고 직장 다니는 것만 해도 '가문의 영광'이라고 생각하면서 일에 미칠 수 있도록 열정이 있는 엔지니어를 뽑아야 한다.

✱ 사장이 좋아하는 직원들과 직원들에게 해 줘야 할 일

사장은 책임감을 가지고 있어야 한다. 그러한 책임을 다하는 가운데 가장 중요시해야 할 일은 "창조적인 직원들이 일을 할 수 있는 분위기를 제공"하는 것이다. 그러면서 사장이 좋아하는 직원의 유형들은 대략 다음과 같다.

– 성의를 다해 부지런히 일하는 직원을 좋아한다

부지런히 일을 하지 않고 하루에 10번 이상의 담배를 피우려고 건물의 바깥으로 나가는 사람은 싫어한다. 회사는 소수의 인원으로 수익을 성취해야 하고, 나아가 고객에게도 저렴한 가격이 제공될 수 있어야 한다. 부지런하지 않으면 인건비가 자꾸 불어난다.

– 명석한 두뇌를 가진 직원을 좋아한다

창의성(Creativity)는 명석한 두뇌에서 나오며, 이때 성실감과 실천력이 함께 하지 않으면 안 된다. 아무리 좋은 아이디어라도 실천하지 않으면 의미가 없다. 항상 떠오르는 생각은 곧바로 메모를 해야 한다.

- 자신이 하는 일에 긍지를 가진 직원을 존경한다

일을 좋아해야 한다. 자기가 한 일은 최소한 본인이 만족하는 수준이어야 한다. 하루 24시간 중 살아 있는 시간의 70% 이상을 회사에서 일하고 있으므로, 바로 내 인생의 전부라고 생각할 수 있어야 한다.

- 일을 시간에 맞추어 마무리 잘하는 직원을 좋아한다

하겠다고 했으면 해야 한다. 안 해도 될 일이면 하겠다고 말할 필요가 없다. 괜히 주위의 관심만 끌어놓고 하지 않는다면 시작부터 말아야 한다. 또한 하겠다고 한 일은 제 시간에 맞추어 해야 한다. 신이 나서 퇴근 시간도 모르고 오늘의 목표를 완성하려는 사람이 좋다.

- 항상 기쁨을 가지고 일하는 사람을 좋아한다

직원들과 아침인사는 "반갑습니다"이다. 그런데 실제로는 반갑지 않은 사람이 있다. "반갑습니다"하면서 시선은 딴 데에 가 있다. 이 행동은 마음에 없는 인사이다. 고객에 대해서도 마찬가지이다.

- 부하 직원을 키워주고 정보를 공유하는 직원을 존경한다

부하 직원이 잘되면 내가 잘된다. 업무와 관련된 정보는 주위 사람들과 공유하는 노력을 보여야 한다. 부하 직원들의 업무 지식을 향상시키기 위해서는 나름대로의 교육시간을 가져야 한다.

― 고객에게 친절하고 고객에게 감사하는 직원이 필요하다

고객이 있으니까 내가 있다.
고객이 무엇을 원하는지?
고객의 지적 사항은 무엇인지?
고객을 단골고객으로 만드는 방법은?

이러한 고민들은 고객으로부터 시작해야 한다. 소위 "시장 지향적(Market Oriented)"이어야 하고, 고객의 편의를 훼손해서는 안 된다. 사장이 임의적으로 일을 제멋대로 처리해서 고객의 자존심을 건드려서는 곤란하다. "제품 지향적(Product Oriented)"으로는 강력히 배격되어야 한다.

이처럼 직원들에게 사장이 하고 싶은 이야기를 하고 요구하였다. 이제는 사장이 무엇을 해야 하는지를 다짐해야 한다.

― 회사의 비전을 제시하고 직원들의 에너지를 한 곳에 집중시킬 수 있어야 한다

사람들은 꿈을 먹고 산다. 부하 직원들이 5년 후의 과장, 10년 후의 임원을 꿈꾸도록 해야 한다. 10년 후 우리 회사의 위상도 회자되어야 한다. 그냥 꿈이 아니라 실현되는 꿈이다.

― 직원들의 사기를 북돋고 정열을 보이도록 충분하게 동기 부여를 제공해야 한다

사장은 우두머리이다. 좋다고 생각하는 약은 다 맛볼 수 있다. 직원들이 항상 역동적이고 액션이나 리액션(Action, Reaction)이 활발히 이루어질 수 있도록 동기 부여(Motivation)가 필요하다. 이것이 가장 저렴하게 투자에 해당되는 것이다.

온갖 수당을 모두 생각할 수 있다. 이익이 남으면 직원들이 먼저 흥분하게 될 것이다.

- **부하들의 창의성을 독려하는 분위기를 조성해야 한다**

사장은 직원들과 경쟁하지 않는다. 직원이 보고한 한 아이디어를 놓고 "사장인 내가 생각했던 것"이라고 한다면? 직원의 아이디어를 괜히 내가 경쟁하고 시기를 한다면 안된다.

"개를 키우고 있으면 되지, 사장인 내가 직접 짖을 필요는 없다."

아이디어를 배출하기 위해서는 사장은 몸을 한껏 낮추어야 한다. 참신한 아이디어를 얻을 수 있다면, 틀에 얽매일 필요도 없고 복장에 신경 쓸 필요도 없다.

- **일관되고 논리적인 의사 결정으로 직원들의 혼란을 방지해야 한다**

사장은 기분에 따라 좌지우지하지 않아야 한다. 일단 의사가 결정되면 그때까지 다른 의견을 주장하던 직원들은 그 결론을 존중한다. 더 이상 그 결정에 도전하지 않는다. 마찬가지이다. 사장은 자신이 최종적으로 결정한 부분은 흔들지 말아야 한다. 그것이 바로 내 자신을 존중하는 자존심이 된다.

- **경영의 투명성으로 손실을 막아야 한다**

직원들은 개별 인격체이다. 직원들을 속이는 방법으로는 시너지 효과를 누릴 수 없다.

기본방안 2 ◐ 경쟁에서 지지 말라

경쟁에서 '지지 않는 마음'은 '이기는 마음'이라는 표현보다 더 인간적이고 따뜻한 느낌이 드는 말이다. 우리가 살아가면서 숱한 장애물을 만나고 결코 원치 않았던 실패와 좌절의 순간들을 경험한다.

✴ 자사의 경쟁력을 키워야 한다

자동차업계나 가전업계를 보더라도 영원한 강자는 없다. GM社도 파산 위기에서 벗어났고 소니와 마쯔시다 社의 몰락도 보았다. 프로 세계나 스포츠업계에도 매우 냉혹하며 국내 장비제조업계도 치열한 무한 경쟁을 하고 있다.

도대체 경쟁력은 왜 필요한가?

국내 장비업체의 시장 환경을 본다면, 대기업은 한 장비제조업체로부터 받은 도면과 자료들을 다른 장비제조업체로 유출시켜 경쟁회사가 우후죽순으로 생기게 되었다. 결국 장비 가격이 경쟁되어 수주 가격이 떨어지고 이익률이 떨어지는 등 장비제조 시장이 점차 고착화되어 간다. 그래서 타사 대비 차별화가 필요하다. 품질, 가격, 납기는 기본에다 추가로 독자적 기술을 가지려면, 타사가 흉내를 낼 수 없는 장비를 만들어야 된다. 그래서 고객 니즈에 맞춰 신제품을 남보다 빠르게 내놓고 처절한 비용 절감의 경쟁에서 살아남아야 한다.

이러한 경쟁력을 확보하기 위한 방안으로는 직원들의 소양, 고객 만족과 관련된 교육, 기술 및 기능 교육을 통해 지속적으로 교육과 차별화를 위한 핵심 유닛(Unit), 부품의 사내 제작으로 기술을 개발해야 하며 표준화를 통한 업무의 효율화도 제고해야 한다.

위기 극복은 기본기부터 다시 시작해야 하므로, 결국 기본기를 다지는 것부터 시작해야 한다. 기술 개발의 투자는 점차 매출 확대로 이어진다. 기업의 힘은 기술 대응력이며, 롱런 컴퍼니를 위해서는 임기응변식보다는 기본이 튼튼해야 한다. 경쟁력을 확보하기 위해서는 기존의 것을 개선하는 것보다 파괴하려는 혁신의 노력이 필요하다.

✱ 경쟁에서 이겨야만 생존한다

사장은 자금과 인력을 바탕으로 독자적인 장비를 개발함으로써 경쟁에서 이겨야 한다. 경쟁 사회에서 생존의 필수 조건은 "차별화"이지만, 타사 대비 차별화의 전략은 피를 말리는 혁신이 없이는 생각해 낼 수가 없다.
결국 자사가 타사와 차별화하지 못한 것은 2차 협력회사의 한계이며, 이로 인해 저자는 창업 이후 5년 이상을 못 버티게 되었다.

✱ 한계에 맞서지 않는 사람이 진정한 비극의 주인공이다

진정한 비극의 주인공은
살면서 일생일대의 분투를 준비하지 않은 사람,
자기 능력을 발휘하지 않는 사람,
자신의 한계에 맞서지 않는 사람이다.

– 아놀드 베넷
(Enoch Arnold Bennett, 영국의 소설가, 1867년~1931년)

나는 인간이 스스로 한계라고 규정짓는 일에 도전해 그것을 이루어내는 기쁨을 보람으로 여기고, 오늘까지 기업을 해왔고, 오늘도 도전을 계속하고 있다. 인간의 잠재력은 무한하다. 이 무한한 잠재력은 누구에게나 무한한 가능성을 약속하고 있다. 나는 주어진 잠재력을 열심히 활용해서 '가능성'을 '가능'으로 만들었다.

- 정주영
(한국의 기업인, 1915년~2001년)

✱ **개인의 경쟁력도 키워라**

끊임없는 노력과 창의력도 키우고 배우는 것을 게을리 말아야 한다. 또한 자신이 하고 있는 일을 사랑해야 한다. 개인의 경쟁력이 회사의 경쟁력이 되기 때문이다.

⬆ 삐죽한 내 입술이 내 경쟁력이 된다.

✱ 작은 것부터 실천해라

미래에 대한 정확한 예측과 회사의 비전을 만들어서 임직원들과 함께 공유하며 생각을 일치해야 한다. 아무리 훌륭한 장비라도 결국 그 수명은 다하게 마련이고, 이에 대비하지 않으면 오래 갈 수 없다. 그래서 새로운 장비를 준비해야 하고, 자사가 잘 할 수 있는 분야에 핵심 역량을 집중해야 한다.

지금 자신이 하는 일에 최선을 다해야 한다. 장밋빛 미래를 생각하며 현재는 가치없이 생각하는데 또 다른 잘못이 아닌가 한다. 지금 하는 일을 그르치면 미래에 아무리 장밋빛이라도 백일몽으로 그친다.

아무리 힘들어도 새로운 시장은 있으며 오히려 불황기에 더 큰 기회가 있다. 작은 회사일수록 남들보다 먼저 준비해야 더 큰 수익을 낼 수 있다. 경쟁에서 승자는 힘센 자가 아니라 빠른 자이다. 작은 회사는 어려울수록 기술로 승부를 걸어야만 한다.

⬆ 혼자 밥 먹는 것부터 작은 실천이 시작된다.

✱ 열등감을 물리쳐야 한다

사람들이 보통 자신이 무능하다고 여기는 순간은 언제나 난관에 부딪혀 실패한 직후이다. 실패에서 오는 열등감은 자신을 의심하게 만든다.

"내가 과연 다시 일어설 수 있을까?" 물론이다. 이제부터는 단번에 최고가 되려는 욕심을 버리고 적절한 목표를 세우자. 작은 일이라도 하나씩 이루어나가는 기쁨은 정신 건강에 도움이 될 뿐만 아니라, 자신감을 되찾는 지름길이다.

"나는 반드시 해낸다!"라는 말을 자주 해야 한다. 열등감은 자신이 어떤 사람인지를 정확하게 판단하지 못하도록 만든다. 그래서 스스로를 무시하는 태도를 갖게 하며, 자신의 역량을 과소평가하게 만드는 동시에 무기력함을 느끼게 한다. 이 때문에 무슨 일을 하든지 포기가 빠르고, 자립심이 부족하여 결과적으로 제대로 하는 일이 하나도 없다.

✱ 항상 '10년 후 무엇을 먹고 살 것인가'를 고민해라

훌륭한 선장은 폭풍을 만나도 원망하지 않고 확고한 신념으로 이를 극복해 배를 안전한 곳으로 이끌어 낸다. 회사의 미래를 스스로 만들어 가야 한다.

- 중용

(中庸, 공자의 손자인 자사의 저작(著作)으로 사서(四書) 중의 하나이다.)

항상 10년 후의 먹거리를 찾기 위해 미래의 변화 흐름을 남보다 먼저 파악해 제품을 조기 개발할 수 있어야만 경쟁에서 승리할 수 있다.

⬆ 아이는 지도 앞에서 미래의 꿈을 꾼다.

※ **마케팅 능력, 상품 기획력, 제조 기술력을 높여라**

마케팅의 총괄 책임은 사장이다. 발로 뛰는 만큼 일거리를 받아올 수 있다. 나무가 커야 큰 나무의 그늘이 생기므로 제안을 되도록 많이 내야 하고 전 임직원들은 세일즈해야 한다. 상품력을 높이기 위해서는 고유상품을 개발해야 한다. 또한 좋은 제품을 싸고 빠르게 만드는 제조 기술력도 높여야 한다.

※ **나는 어제의 나와 경쟁한다**

나의 유일한 경쟁자는 어제의 나다.
눈을 뜨면 어제 살았던 삶보다
더 가슴 벅차고 열정적인 하루를 살려고 노력한다.
연습실에 들어서며 어제 한 연습보다
더 강도 높은 연습을 한번, 1분이라도 더 하기로 마음먹는다.
어제를 넘어선 오늘을 사는 것, 이것이 내 삶의 모토다.
 – 강수진(발레리나)의 『나는 내일을 기다리지 않는다』 중에서

※ **시간과 싸우자**

독자 여러분들은 생각대로 되지 않아 언제나 안타깝고 분했던 생각들이 있었을 것이다. 또한 하고자 하는 꿈이나 목표는 산더미처럼 많은데 시간은 그냥 흘러가기만 하고, 성과는 제대로 되지 않는 경우도 경험했을 것이다.

지금 이 순간에도 '시간'은 흘러가 버린다. 이 한 순간을 무관심하게 지낼 수는 없다. 그래서 시간과 싸워야 한다. 때로는 슬럼프에 빠져 그냥 시간을 보낼 수는 없다. '지금'이라는 시간은 어제보다 더 빨라지고 있다.

✱ 설비 투자의 지연 시 대응 방안이 있어야 한다

예컨대 최종고객사 Ld 社에서 장비를 투자하는 계획이 계속 지연되었을 때, 장비제조업체는 회사 내 자체 엔지니어의 인원 수는 최소로 충원하고, 수주받은 분량에 따라 외부협력회사로 아웃소싱하는 대응 방안을 미리 마련해야 한다.

✱ 사소한 것들이 모여 위대함을 만든다

"이 부분을 손봤고, 저 부분도 약간 다듬었고,
여긴 약간 부드럽게 만들어 근육이 잘 드러나게 했죠.
입 모양에 약간 표정을 살렸고,
갈빗대는 약간 더 힘이 느껴지게 바꿨습니다."

미켈란젤로의 상세한 설명에 방문자가 물었다.

"하지만 이건 어디까지나 사소한 부분이잖소."

미켈란젤로가 말했다.

"완벽함은 결국 사소한 부분에서 나옵니다.
하지만 완벽함은 결코 사소한 문제가 아니죠."

- 테리 리히(데스코 CEO)의
『위대한 조직을 만드는 10가지 절대 법칙』중에서

위와 같이 개선도 쉬운 것부터 시작해서 점차 개선해가다 보면, 어려운 것도 찾아서 개선하게 되고 그러다 보면 어느 사이에 조직이 변화되어 훨씬 효율적으로 일하고 있음을 느끼게 된다.

✱ 노력해서 안 되는 일은 없다

노력해서 안 되는 일은 없는 것 같다.
많은 사람들이 노력도 하지 않으면서, 왜 나는 안 되는지.
진실로 노력을 했는지 뒤돌아 볼 필요가 있다고 생각한다.
성공한 사람들을 보면, 남들보다 10배 20배 더 노력하고 집중을 했음을 다음 『중용』의 글을 보아도 알 것 같다.

노력만한 지름길도 없다.
남이 한 번에 능하면 나는 백 번을 하고
남이 열 번에 능하면 나는 천 번을 한다.
과연 이 방법으로 한다면,
비록 어리석다하더라도 반드시 밝아지고
비록 유약하더라도 반드시 강해진다.

人一能之 己百之 人十能之 己千之

- 중용

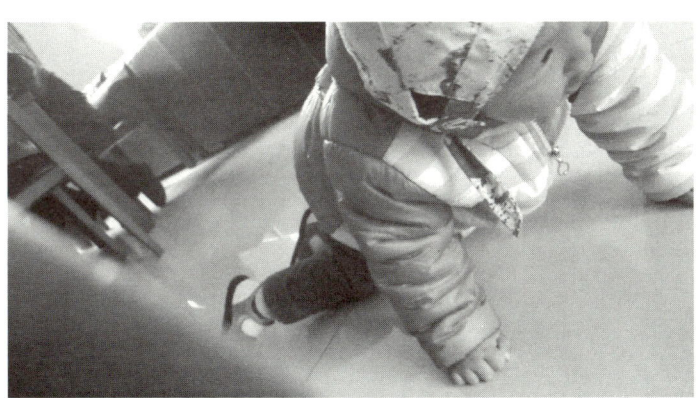

⬆ 일어서려고 계속 노력해야 한다.

※ 개선 무한의 3대 원칙

　원칙 1. "Why"를 철저히 알아내야 한다(자기 할 일).
　원칙 2. 실행을 알았으면, 반드시 실행해야 한다(즉시 실행).
　원칙 3. 한번 시스템을 실행한 것은 절대로 원래 위치로 되돌아 가지 않도록 한다(책임자 실행).

※ 편안한 삶에는 성장이 없다

　삶이 편안하면 방심하게 되고,
　방심하면 안주하고 방탕해진다.
　편안한 삶에는 성장이 없다.
　시련이나 위기는 스스로를 단련시키고,
　더욱 옹골찬 인간으로 빚어지게 한다.
　도자기는 수천도 고온을 견디고 나서야 예쁜 그릇이 된다.
　온실 속 화초보다 온갖 위험 속에 자란 야생초가
　더 강인하고 생명력이 질기다.

　　　　　　　　　　　　　　　- 권근의 『주옹설』 중에서

　산다는 것은 죽는 위험을 감수하는 일이며,
　희망을 가진다는 것은 절망의 위험을 무릅쓰는 일이고,
　시도해 본다는 것은 실패의 위험을 감수하는 일이다.
　그러나 모험은 받아들여져야 한다.
　왜냐하면
　인생에서 가장 큰 위험은
　아무 것도 감수하지 않는 일이기 때문이다.

　　　　　　　　　　　　　　　- 레오 버스카글리아
　　　　　　　　(Leo Buscaglia, 미국의 교육학자 및 베스트작가, 1924년~)

✱ 일이 많고 힘들다고 실제로 죽는 사람은 없다

노동이 사람을 죽이는 경우는 없다.
그러나 빈둥거리며 지내는 것은 신체와 생명을 망친다.
새가 날기 위해 태어난 것처럼
인간은 노동을 하기 위해 태어났기 때문이다.

- 루터
(Luther, Martin, 독일의 종교 개혁자 및 신학 교수, 1483년~1546년)

⬆ 엄마를 만나려면 더 뛰어야 한다.

✷ 할머니의 도전

나이 70대에 걸어서 아메리카 대륙을 횡단한 할머니가 있었다. 마침내 횡단을 끝마쳤을 때 세계 각지에서 그 놀라운 할머니를 취재하려고 몰려들었다.
대륙 횡단의 거창한 목적을 기대했던 기자들은 할머니의 답변에 순간 어리둥절해졌다.

"처음부터 대륙을 횡단할 생각은 전혀 없었습니다. 그래서 달성할 수 있었던 같습니다."

할머니의 대륙 횡단은 손자가 코 묻은 돈을 모아서 할머니에게 운동화를 선물한 것이 계기가 되었다. 할머니는 기쁜 마음으로 그 운동화를 신고, 다른 주에 사는 친구를 만나러 갔다. 손자에게 선물로 받은 운동화를 자랑하기 위해서였다. 그렇게 한 친구를 만나고 난 뒤, '이번에는 저쪽 주에도 가보자. 무릎이 아파오면 택시를 타고 돌아가면 되지'.
이것이 아메리카 대륙 횡단의 시발점이었다. 이렇게 편안한 마음으로 걸었기 때문에 자신도 모르는 사이에 대륙 횡단의 위업을 달성할 수 있었다고 한다.
처음부터 대륙 횡단을 해내고 말겠다는 각오나 특별한 용기가 있었더라면, 어쩌면 할머니의 대륙 횡단은 성공하지 못했을지도 모른다.

- 히스치 고카로의 『3초만에 행복해지는 명언 테라피』 중에서

⬆ 내일 혼자서도 버스를 타는 작은 도전을 해야 한다.

⬆ 한자 잘 쓰는 멋진 프로를 보면서 포즈를 취한다.

✽ 멋진 프로

샐러리맨이 스스로를 '회사'라는 조직 속에서 조그만 부품으로, 하루하루의 업무에 주어진 자리나 지키는 볼트나 너트와 같은 일상이라고 생각하면, 쌓이는 것은 무력감과 스트레스뿐일 것이다. 또 날마다 반복되는 일과 속에서 발전도 없는 것 같고 그냥 세월만 흘려보내는 게 아닌가 하는 불안감만 쌓일 것이다. 그러나 철저한 직업의식을 갖고 일을 한다면, 이런 무력감이나 불안감은 자취를 감추고, 모든 일에 자신감과 자부심이 생긴다.

영업에 관한 것이라면, 남 앞에서 한 시간 정도는 설명할 수 있다.
기술에 대한 것이라면, 서너 가지 논문은 쓸 수 있다.
경리 일과 세무에 대해서라면, 어떤 강의라도 하겠다.

이쯤 되면 직업의식을 가진 멋진 프로들이라고 할 만하다.

✽ 허영심을 버려라

열등감을 가진 사람과 교만으로 가득 찬 사람의 내면은 어떤 차이가 있을까? 이 둘은 꽤 상대적으로 보이지만, 사실 생각 하나의 차이다. 열등감이 강한 사람은 일반적으로 자존심도 그만큼 센 사람이다. 그리고 그러한 사람은 '자존심에 상처를 입을까'를 불안해하는 경향이 강해 심리적 부담을 많이 가져 긴장을 하게 된다. 즉, 강한 자존심이 긴장을 유발시켜 열등감을 부채질하는 것이다.

✱ 괴로운 과거는 지워 버려라

이제 과거에 상처받았던 일들은 모두 잊어야 한다.

"내가 잘할 수 있을까."

과거에 일어났던 모든 부정적인 일들을 잊고 유쾌하지 않은 과거가 떠오를 때는 그 공간에 현재의 목표를 밀어 넣을 수 있어야 한다. 이제 과거는 잊고 현재를 즐겨야 한다.

✱ 가진 게 없다고 기죽지 말라

당신은 어쩌면 신체적으로나 정신적으로 결핍된 것이 있을지도 모른다. 하지만 그렇다고 자기 스스로를 무엇은 할 수 있고, 무엇은 할 수 없는 사람이라는 '편견'의 시선으로 바라볼 필요가 없다. 또한 다른 사람의 결핍된 것에 대해서도 편견을 가져서는 안 된다. 더 이상 자신의 신체적으로나 정신적 결함을 부담스러워하지 말아야 한다. 중요한 것은 '시작'이다.

✱ 내 자신부터 변해야 된다

저자가 W 社를 인수인계한 이후 후배 사장들을 만났다. 그들은 선배가 실패할 수밖에 없는 이유로 "선배가 직접 발로 뛰어서 일을 받아야 하는데, 전화하거나 아쉬울 때만 잠시 고객사를 찾아와서 일 좀 달라는 것" 때문이라고 했다.

사업의 운명은 발꿈치에 달려 있고,
일찍 일어나는 새는 남보다 먹이도 많이 먹는다.

✽ 변화만이 성장을 이끈다

"10년이면 강산도 변한다"는 말이 있다. 지금은 맞지 않은 것 같다. 요즈음 전자 제품의 변화를 보면 극명하게 드러난다. 휴대폰의 수명은 3개월 정도 밖에 안 되고, LCD TV 경우도 매년 단순한 신 모델이 아닌 신규 콘셉트(Concept)의 모델들이 쏟아져 나오고 있다. 이렇게 빠르게 세상이 바뀌고 있는데, 저자는 "과거의 관습에 젖어 변화를 두려워하지 않는 지를 생각해 볼 필요가 있고, 제품뿐만이 아니고 회사도 새로운 트렌드에 맞추어 변화해야 한다"고 생각한다.

> 결국 변화하지 못하는 회사는 소멸되기 마련이다.

회사는 엄청난 외부 충격이 가해져야만 변화하기 시작한다. 따라서 외부 충격은 피해야 할 것이 아니라 환영받아야 한다. 롱런 컴퍼니가 되려면 일부러라도 충격을 만들어 내야 한다.

✽ 오뚝이의 정신

오뚝이는 아니지만, 인생은 쓰러졌다가 일어서고 또 쓰러졌다가도 일어서는 연속이다. 실패나 좌절, 괴로움이나 번민 등이 없는 인생은 없다. 살아가고 있는 이상은 반드시 쓰러지기도 하고 실패도 있을 수 있다.

어떤 일에 대해서든 좌절하지 않는 강인한 마음을 갖는 일이 자기 자신을 성공한 사람으로 이끌어가는 길이 된다. 사람은 항상 달콤한 유혹과 싸우지 않으면 안 된다. 사람으로서 욕망을 참고 억제하는 일은 매우 중요한 일이다. 세상의 대국을 보고 인내해야 할 시기와 적절하게 행동해야 할 시기를 잘 조정하는 일은 곧 성공의 비결이다. 인내할 때는 계속 인내하는 강인한 사람이 되도록 노력해야 한다.

✽ 성공

성공은 어느 날 길에서 운 좋게 주울 수 있는 것이 아니다. 삶에 만족을 주는 조건이다. 성공하는 사람들의 휴지통 맨 밑에는 열등감이 있다. 그들은 일찌감치 그것들을 버렸다. 당신 삶의 주인은 당신뿐이다.

다른 사람도 아닌 나 스스로가 자신을 인정하지 못한다면, 다른 사람들에 비해 보잘 것 없다고 느낀다면, 당신이 앞으로 이루어 나갈 수 있는 여지마저 송두리째 사라지고 마는 것이다.

- 명화린의 『10일 안에 변신하기』 중에서

⬆ 내가 좋아하는 것을 해야 성공할 수 있다.

✱ 역경을 이겨낸 만두가게 사장

A 사장은 만두가게를 차렸는데, 만두 맛보다는 돈에 치중하다 보니 결국 가게문을 닫게 되었다. A 사장은 할 수 없이 남의 만두가게에 취직했다. 이때 반죽부터, 양파, 고기, 무말랭이, 각종 양념 등을 잘 섞는 방법 등을 제대로 배우게 되었다. 결국 취업한 만두가게에서 월급쟁이 사장을 맡게 되었다. 수익보다는 맛있는 만두를 만드는데 초점을 맞추었더니, 시장골목에서 8평 만두가게에 테이블 3개를 놓고서, 하루 최소한 200인분씩 판매된다고 한다.

- KBS1 강연 100도씨 2013년 12월 22일

단기 수익보다는 만두의 맛에 초점을 맞춰
대박을 이루웠다.

⬆ 먹다가 언쳐서 재채기도 한다.

✽ 위기는 생각보다 빨리 오고, 기회는 생각보다 늦게 온다

"모든 사람들은 평생 3번의 기회가 주어진다"고 한다. 대부분의 사람들이 이 기회를 놓쳐 평범한 삶을 살아가는 것이다. 기회가 왔을 때 재빨리 잡을 수가 있다면, 우리의 삶은 큰 변화를 맞이할 것이다. 위기 다음에 기회가 오듯이, 항상 예의 주시하여 기회가 왔을 때 꼭 잡을 수 있도록 준비해야 한다. 위기는 생각보다 빨리, 기회는 생각보다 늦게 온다.

미래를 예측할 때 방향도 중요하지만, 변화의 속도를 잘 봐야 한다. 보통 시간은 내게 불리한 것은 늦게, 내게 유리한 것은 빨리 올 것이라 느낀다. 따라서 우리는 "위기는 생각보다 빨리 오고, 기회는 생각보다 늦게 온다"고 가정해야 한다.

속도에 대한 예측이 제대로 이뤄지지 않으면 위기에는 너무 느리게 대응하고, 기회에는 너무 빠르게 대응하게 된다.

또 변화의 시작은 내 생각보다 빠르고 변화의 완성은 내 생각보다 느리다는 것도 항상 염두에 두어야 한다.

- 최윤식
(아시아미래인재연구소장)

✽ 실패는 없으며 교훈이 있을 뿐이다

성장은 고난과 실수에서 찾아온다. 실험과 시도가 곧 성장을 가져다 준다. 실패한 시도는 성공한 시도와 마찬가지로 똑같이 '성장'이라는 열매를 가져다 준다.

교훈은 당신이 그것을 얻을 때까지 계속 반복된다. 당신이 교훈을 얻을 때까지 그것은 다양한 형태로 당신에게 찾아온다.

- 박시호의 『행복편지』 중에서

✻ 위험이 있는 곳에 기회가 있다

위험이 있는 곳에 기회가 있고,
기회가 있는 곳에 위험도 있다.
이 둘은 분리될 수 없다.
이 둘은 함께 한다.

- 플로렌스 나이팅게일

(Florence Nightingale, 영국의 간호사 및 작가, 통계학자, 1820년~1910년)

꼭대기까지 올라가야 미끄럼틀을 탈 수 있다.

✷ 창조성을 키우는 말과 죽이는 말

IDEO(미국 디자인전문업체)에서는 "나쁜 아이디어"라거나, "그건 잘 안 될거야", "전에 해봤거든" 등과 같은 말을 쓰지 못하게 한다. 대신 아이디어에 동의하지 않을 때 "그걸 좀 낫게 할 방법이 없을까?", "뭘 추가하면 더 좋은 아이디어가 될까?"라고 묻게 함으로써 아이디어의 흐름이 끊기지 않고 창조적으로 추진력이 유지되도록 한다.

— 톰 켈리(IDEO 공동창업자)의 『유쾌한 크리에이티브』 중에서

✷ 방법이 없는 것이 아니라 생각이 없는 것이다

우리가 기존의 하던 방식을 버리고 새로운 방식을 도입하고자 하면, 대부분의 사람들은 평계를 대면서 기존의 방식이 좋다고, 여러 가지를 다 해 보았다고 하면서 지금 하던 대로 하자고 하는 경향이 많다. 그러나 혁신은 하루 아침에 이루어지고 달성되는 것이 아니다. 조금씩 방법을 찾아 개선하다 보면, 개선이 모여 나중에 보았을 때 몇년 전 것과 비교해 보면 혁신이 이루어져 있는 것이다.

현재의 방법에 숙달되어 지금의 방법이 가장 좋아 보이지만, 더 좋은 방법을 찾아 지속적으로 적용하려는 노력을 지속적으로 하다 보면 방법이 보이게 되어 있다. 그러나 사람들은 생각하기 싫어하는 경향이 많기 때문에 방법이 없다는 평계 하에 개선을 안 하고 있는 것이다. 단계별로 개선하려는 노력을 지속적으로 추구해야 한다.

고모리 사장이 근무했었던 회사도 원가 절감을 하기 위해 꾸준히 노력한 슬로건이 "마른 수건도 짜면 물이 나온다"였다.

그만큼 방법을 찾아서 노력해야 한다는 것을 하려는 자에게는
방법이 보이고, 하지 않으려는 자에게는 변명이 보인다.

- 고모리 시게타카

(古森重隆, 일본의 후지필름 사장)

✱ 일본 U 社의 장점을 벤치마킹해라

일본 U 社는 레저마킹의 핵심기술을 확보함으로써 수익성 높으며(순이익 33%), 자체 직원 수는 최소로 한 반면 매출은 증대되었다. 기술 영업과 설계는 자체 직원으로 해결하는 반면 제작, 설치, AS는 대만과 중국에서 처리한다.

U 社의 기술 영업력이 뛰어나고 휴일도 관계없이 업무를 처리한 관계로 해외고객들이 자사를 방문하도록 리딩(Leading)한다.

⬆ 다른 어린이도 어떻게 노는지를 잘 살펴야 한다.

✱ S社의 선진기술을 확보하는 방안도 벤치마킹해라

금요일 저녁, 일본의 베테랑 엔지니어를 한국으로 초청하여 술 접대하고 토요일에 골프치고 저녁에 술 접대하고 일요일에 골프치고 귀국하기 전에 명동에 가서 기성복을 맞춰주고 보내주는데 1주일 후 가봉하기 위해 다시 그 다음 주 금요일 저녁에 초청하여 3일간 반복하고 일요일에 기성복을 입어본 후 수정을 좀 해야 된다고 하고 1주일 후 또 초청한다.

3주가 지나면, 결국 일본의 베테랑 엔지니어가 반대로 "내가 당신한테 무엇을 도와주면 되느냐?"로 하여 선진기술을 하나씩 하나씩 빼낼 수 있었다. 추후 이 엔지니어가 퇴사하면 S社의 고문으로 영입했다.

기본방안 3 ◯ 화 내지 말라

누구든지 화를 낼 수 있다. 그것은 참으로 쉬운 일이다. 그러나 어떤 대상에게 알맞은 정도로, 적당한 시기에, 적당한 목적을 가지고 올바른 방법으로 화를 내는 것은 그리 쉬운 일은 아닐 뿐더러 아무나 할 수 있는 일이 아니다.

그리고 남들에게 자기 마음속에 있는 생각을 100% 전달한다는 것도 그다지 쉽지 않다. 친절하게 차근차근 하나씩 하나씩 설명하면, 이해도는 좀 올라가지만, 미묘한 느낌이나 자세한 사정까지를 온전히 알려주려면 정말로 특별한 노력이 필요하다.

화를 잘 내는 사람들의 특징은 매사를 자기 위주로 생각하는 경우가 많다. 의사소통이 매끄럽지 않을 때 왜 자기 말을 못 알

알듣느냐고 소리를 높인다. 사실이나 상황, 자기의 의사나 의도를 제대로 알려주지 않은 건 생각하지 못한다. 자기의 설명이 충분하지 않는 것도 고려 밖이다.

이런 유형의 사람들은 친절하게 설명했다지만, 매우 폭력적인 방법으로 의사소통법을 하므로 듣는 사람은 "말뜻이 불명확한 훈계"를 들었다고 생각하는 경우도 있다. 또한 평소 잠자리에 누워서 후회를 많이 한다. '조금만 더 참을 걸', '내가 그때 왜 그랬을까' 하며 자신의 행동을 되돌아 본다.

✱ 욱하는 성격 때문에 손해를 많이 본다

저자의 생각에는 이게 맞는데, 직원들이 동의하지 않을 때 화를 냈다. 예컨대 직원들이 지시한 일을 제대로 하지 않거나 똑같은 실수를 반복했을 때 미필적 고의가 아닌가 싶어 더욱 화가 났다. 그리고 이런 성격 때문에 아내와의 사소한 말에도 금방 잡아 죽일 듯 화를 내고 돌아서고 나면 후회할 짓을 자초했다.

욱하는 성격이 있는 유형의 사람들은 어느 정도의 시간이 흘러 감정이 수그러진 다음 상대방과 말을 해야 한다. 그리고 만성적으로 화를 잘 내는 유형의 사람들은 심장마비나 심장질환에 걸릴 확률이 높아진다고 하니 정말 조심해야 한다.

✱ 엔지니어들에게 화가 나도 고함치지 말라

엔지니어들한테서 화가 나도, 사장은 자기 자신의 감정을 조절하고 엔지니어의 감정을 이해해야 한다. 속을 썩이던 직원이 '회사를 언제까지 다니고 그만 두겠다'고 할 때도 사장은 되도록 일찍 그만두라고 너무 냉정하게 대하는 모습을 기존 직원들에게 보이는 것은 좋지 않다. 진작 직원들과 헤어질 때도 끝이 좋아야 한다.

* **경쟁에서 이기려면, 사장은 덕목을 가져라**

사장은 실력을 꾸준히 쌓아야 한다. 이때 소신, 확신, 배려, 용기도 있어야 한다. 또한 흐르는 물처럼 유연하게 적응력을 배워야 하고, 겸손해야 하고, 정확한 상황 판단도 중요하고, 때로는 바위를 만나면 우회할 줄도 알아야 한다.

기본방안 4 ○ 뽐내지 말라

대부분의 사람들은 "잘난 척하지 마라", "아는 척하지 마라", "잘난 척하는 사람은 재수없다"고 흔히들 말한다. 여기에서 '척하다'라는 말은 '그렇지 않은데, 그럴 듯이 꾸민다'라는 의미인데, '그럼 잘나지도 않았고 알지도 못하면서 잘난 것처럼 아는 것처럼 한다'는 소리이다.

추가적으로 "이쁜 여자한테도 이쁜 척하지 마라", "귀여운 척하지 마라"라고 하는데, 사실은 그 사람들이 이쁨에도 불구하고 사람들이 그렇게 표현을 하는데, 정작 풀어서 말하면 "넌 이쁘지도 않은데 왜 이쁜 것처럼 그러니?"라고 해석이 되지만, 실제로 "외모가 뛰어난 사람이 자신의 외모를 뽐내는 것"은 가만히 있으면 외모에 칭찬받을 것을 괜히 더 자신을 꾸미려 하기 때문에 욕을 먹는 것이다.

사업하는데, 재산이나 토지, 자식 자랑, 아내 자랑 등을 하는 것은 고객 입장에서 볼 때 경제적으로 어렵지도 않은데 "왜? 일을 달라고 할까?"로 보여 좋은 점보다는 나쁜 점이 더 많다고 본다. 그래서 뽐내지 말라.

고객사를 방문할 때 고객사가 보유하고 있는 차량보다 한 단계 낮은 회사업무용 차량으로 가는 것이 좋다. 만일 고객사가 제품(휴대폰, 차량 등)을 판매한다면, 미팅시 그 제품을 지니고 가는 것이 비즈니스하는데 좋다.

✱ 겸허한 마음가짐을 가져라

자신이 갖고 있는 재능과 체험만을 믿고 행동하는 사람들이 많다. 세상은 무한히 넓어서 자기보다도 재능이 월등히 뛰어난 사람들은 얼마든지 있다. 그래서 "나 아니면 안 된다"는 생각은 절대 버려야 한다.

자기 재능과 얄팍한 지식만을 믿고, 예컨대 큰 바다로 나갔을 때 우리는 태풍에 말려들어 바닷 속으로 끌려들어 가고야 만다. 이렇게 되지 않으려면 주위의 상황을 정확히 파악하고 여러 사람들의 지식과 체험을 흡수하면서 자신의 재능을 발휘하도록 해야 한다. 무한경쟁 사회에서 성공하려면, 무엇보다도 먼저 겸허한 마음가짐이 중요하다.

✱ 지금 누리는 것에 늘 감사해라

저자는 대전시에 있는 자동차부품을 제조하는 한 업체를 컨설팅했었다. 그 당시 점심을 먹으려고 회사 식당에 갔는데 한쪽 룸에서는 많은 직원들이 도시락을 꺼내서 밥을 먹고 있었다. 회사 직원들한테 "왜? 날씨도 추운데 식당에서 따뜻한 밥을 안 먹고 도시락을 싸와서 먹느냐"고 질문했더니, 그들은 대답이 없었다. 그래서 공장장한데 물어보았더니, "식사 한 끼가 3,000원인데, 그것도 아끼려고 도시락을 싸 온다"고 했다. 마음 한 쪽으로 찡했다.

임가공 회사라서, 회사에서는 점심을 무상으로 주지 않았다. 직원(소 사장제)들은 한 개를 만들면 얼마 안되는 돈을 받아 점심값까지 저렇게까지 아꼈다.

사실 컨설팅을 하다 보면, 저자는 이런 사람들 저런 사람들을 다양하게 만나게 되어 '내 자신이 얼마나 행복한 사람인지 아직까지 모르고 지내온 것일까?'라고 되돌아보게 되고, 다시 한 번 감사함을 느끼게 되는 경우가 종종 있다. 지금 누리고 있는 것에는 늘 감사할 뿐이다.

✱ 중지의 경영을 해라

한 사람의 지혜는 한계가 있고 그 범위 내에서 일할 수밖에 없다. 그러나 개성과 능력이 각각 다르지만 서로 보완해 나가면, 평범한 엔지니어의 모임이라도 커다란 힘의 발휘가 가능하다. 예컨대 프로농구경기에서 작전타임을 불렀을 때 감독이 선수들에게 작전지시 전에 코치들과의 사전 의논한다.

기본방안 5 ◯ 초지일관

비즈니스 세계에서 화장실 갈 때와 나올 때의 마음은 변하지 않아야 한다. 즉 초지일관(初志一貫)이 비즈니스 관계를 오래 할 수 있도록 해준다.

✱ 영업력은 친밀감이다

좋은 소문은 10명의 사람들이 퍼뜨리나 나쁜 소문은 900명의 사람들에게 퍼뜨린다. 그래서 기존 고객을 100% 유지하는 것은 더욱 중요하다.

친밀감을 주는 영업력의 한 예로 '경비실을 고객접견실로 바꾸고, 방문고객이 상담하는 동안 경비가 알아서 고객의 차량을 무료로 세차를 해주는 서비스는 고객들로 하여금 '이런 회사라면 일을 맡길 수 있겠구나'라고 생각하게 만들었다.

제대로 영업을 잘하려면, 고객을 기쁘게 해서 친밀감과 신뢰감이 쌓이도록 한다. 현명한 영업맨은 소매 끝만 스친 인연도 잘 살릴 줄 안다.

⬆ 다른 친구들과도 사이좋게 지낸다.

❋ **진정한 영업은 진정성을 가지고 홍보하는 것이다**

저자가 전철로 서울역에서 진위역으로 이동 중일 때, 제품을 판매하는 여럿 사람들을 보았다. 그 중의 한 사람은 카페트 먼지나 고양이 털 등을 청소해주는 싹쓸이 1개가 3,000원인데 이것을 시현하고 제품 설명을 해도 고객들한테서 반응이 없자 갑자기 "다 팔고 하나 밖에 없다"고 말하자마자 앞에 앉아 계신 할머니가 얼른 한 개를 샀다. 그런데 박스를 옆으로 이동하면서 박스 하나에서 제품을 꺼내는 것을 보고 저렇게 거짓말 하고 팔아야 하나 싶었다.

기능성 스타킹을 파는 또다른 사람은 진정성을 가지면서 "이 스타킹은 운동할 때 신는 것이며, 신축성이 좋고 추운 날씨에 신으면 발열도 된다"고 설명하면서 스타킹을 주고 직접 확인 하라고 하니 많은 사람들이 샀다.

❋ **친절을 베푸는 행위는 결코 밑지는 법이 없다**

살아 보니까 내가 주는 친절과 사랑은 밑지는 적이 없다.
소중한 사람을 만나는 것은 1분이 걸리고
그와 사귀는 것은 한 시간이 걸리고
그를 사랑하게 되는 것은 하루가 걸리지만,
그를 잊어버리는 것은 일생이 걸린다는 말이 있다.
그러니 남의 마음속에
좋은 기억으로 남는 것만큼 보장된 투자는 없다.
     - 장영희의 『살아온 기적, 살아갈 기적』 중에서

어렸을 때 할아버지께서 말씀해 주신
"똑똑한 사람이 되는 것보다 친절한 사람이 되는 게 힘들다는

걸 너도 언젠가는 깨닫게 될거다"라는 경구를
가슴에 새기며 살았다 합니다.
사람들은 시간이 흘러,
나이가 들어갈수록 재능을 갖춘 사람 보다
친절한 사람을 존경하고 따르게 됩니다.

- 제프 베조스

(Jeff Bezos, 미국의 아마존 창업자, 1964년~)

✲ 고객제일주의를 철저히 실천하라

고객을 기쁘게 하고 고객에게 자랑할 수 있는 제품을 만들어야 한다. 그래서 늘 고객(다른 사람)의 입장이 되어 봐야 한다.

고객 = 神

✲ 디테일이 힘이다

노자(老子, 중국 고대의 사상가이며 도가(道家)의 시조)가 말하기를 "큰 나라를 다스리는 것은 작은 물고기를 요리하듯 해야 한다"고 하였다. 세부적인 것을 중요시하고 업무를 수행함에 있어서는 세밀한 부분을 꼼꼼히 따져야 한다. 세월호 침몰사건이 왜 일어났는가? 세밀한 부분들을 매뉴얼을 따라 지키지 않았기 때문이다. 우리 한국인들에게 큰 약점이 있다. 맡은 일을 대충대충하는 버릇이다. 바로 "대충주의"와 "적당주의"이다. 그렇게 대충대충하고 적당히 하다 작은 실수로 인하여 큰일을 망가뜨리는 경우가 많다.

유능한 사원과 무능한 사원, 일류기업과 삼류기업, 선진국과

후진국 사이에는 디테일에서 차이가 난다. 개인, 기업, 국가의 경쟁력이 디테일에 의하여 좌우된다. 아무리 포부가 높고 재능이 있어도 작은 일들을 소홀히 하는 사람은 성공에 이르지 못한다.

대만 제일의 부자인 왕융칭, 포모사 회장은 디테일한 부분을 철저히 관리하여 성공에 이른 대표적인 인물로 알려져 있다. 한번은 주위 사람들이 그에게 권하기를 "세세한 일들은 아랫사람들에게 맡기고 큰일에만 전념하시지요"라고 권하였다. 그는 다음과 같이 답하였다.
"나는 큰일에도 관심을 가지지만 세부적인 일에 더 심혈을 기울입니다. 세부적인 일을 연구하고 개선하여 2명이 하는 일을 한 명이 하면 생산성이 2배로 오르는 것이고 한 사람이 2대의 기계를 작동할 수 있다면 생산력이 4배로 늘어나지 않겠습니까?"

한국인들이여 명심하고 명심하자. 디테일이 힘이다. 작은 일을 잘 감당하여야 큰 일이 맡겨진다.
    - 김진홍(학교법인인, 목사, 1941년~)의 『아침 묵상』 중에서

✷ 정직함이 최선의 방법이다
무엇보다도 대인 관계에서 '정직함'이 가장 필요하다. 문명이 발달할수록 점차 인간성이 무시되기 쉽다. 그래서 사람과 사람 사이의 관계를 맺어나가기 위해서는 많은 노력이 있어야 한다.
이러한 정직함은 때로는 갈증을 느끼게도 하지만, 소중히 지

켜나가면서 진정성으로 비쳐주면 고객과의 관계가 더욱 돈독히 되어 큰 성과를 얻게 된다.

갑자기 늑대를 만난 양이 충격을 받고 기절하였다. 마침 늑대는 다른 곳에서 배불리 먹고 오는 참이어서 양이 자기에게 진심으로 우러난 이야기를 세 개만 해주면 살려줄 생각으로 양이 눈이 뜨기를 기다리며 지켜 앉았다가 자기의 생각을 말하였다. 양은 어차피 죽을 목숨이라고 생각하고 용기를 내어 마음먹은 이야기를 시작하였다.

"첫째, 당신을 만나는 것이 싫습니다.
둘째, 만일 운이 나빠 당신을 만난다면 당신이 소경이기를 빕니다.
셋째, 평화로운 우리를 못살게 구는 악한 늑대 놈들은 모두 죽어 버렸으면 좋겠다고 생각합니다."

늑대는 양의 이와 같은 거짓없는 말을 듣고 당초에 마음먹었던 대로 양을 살려주었다. 때로는 정직함이 최선의 방법이다.

✱ 속이지 말라

양심의 소리는 결코 우리가 알아들을 만큼 큰 울림이 있는 것은 아니다. 사인도 보내지 않는다. 다만 느낌으로 알 수 있다. 스스로 확신을 갖고 움직인다면, 바로 자기 양심에 따라 행동하는 것이다.

✱ 기본을 준수해라

'기본을 준수한다'는 것은 위기를 기회로 만드는 지름길이며, 회사와 고객 간의 약속을 지키는 지름길이다.

위기를 기회로 적극적으로 실천해야 한다. 그리고 회사 내 임직원들은 '영업맨화로 새로운 고객을 창출하는 것보다 기존 고객을 더 신경을 써야 한다'는 기본도 준수되어야 한다.

⬆ 인도에서 걸을 때 차를 조심해야 한다는 준수사항

✲ 승리의 여신은 노력을 사랑한다

떨어지는 물방울이 돌에 구멍을 낸다.
승리의 여신은 노력을 사랑한다.
어제의 불가능이 오늘의 가능성이 되며,
전 세기의 공상이 오늘의 현실로써
우리들의 눈앞에 출현하고 있다.
실로 무서운 것은 인간의 노력이다.
명예는 정직한 노력에 있음을 명심하자.

- M. 마르코니
(Marconi)

천재는 열심히 했다고 말하고
평범한 사람은 그에게 타고난 천재라고 말합니다.
오랫동안 열심히 노력한 사람들은
운이 좋았을 뿐이라고 말하고
대충 일한 사람들은
운이 나빴을 뿐이라고 말합니다.
   - 김종춘(예수CEO교회 담임목사)의 『내 인생을 바꾸는 10초』 중에서

✲ 찾으려고 노력하는 사람에게는 길이 보인다

내가 성공한 것은 돈도 기술도 계획도 없었기 때문이다.
돈이 없어 한 푼도 귀하게 썼고,
기술을 몰라 보통 사람도 편히 쓸 수 있는
서비스를 개발할 수 있었으며,
계획을 세우지 않아 변화하는 세상에
능동적으로 반응할 수 있었다.

- 알리바바 마윈
(Ma Yun, Jack Ma, 중국의 최대 전자상거래 기업인)

좋은 아이디어가 있으면 이를 사업화할 수 있는 환경이 갖추어졌다고 생각한다. 아이디어만 있으면 이를 구체화하고 기술적으로 구현할 수 있는 엔지니어들이 많이 있고, 정부에서도 적극적으로 도와주는 체제가 되어 있기 때문이다.

창업자들에게 사무 공간과 기술 자금을 제공하는 등 많은 지원을 하고 있다. 찾으려고 노력하는 사람에게는 길이 보인다.

✱ 이제 버리십시오

수많은 노력에도 불구하고 똑같은 사업에
열세 번이나 실패한 사람이 있었다.
사람들은 그에게 이제
포기할 때도 되지 않았느냐고 말을 했다.
하지만 그 사람은 결국
열네 번째 시도 만에 대성공을 거두었다.
사람들이 물었다.

"그렇게 실패를 많이 하면서도
어떻게 포기할 생각을 하지 않았습니까?"

그는 호주머니에서 보석 두 개를 꺼냈다.

"이것들을 보고 있노라면
결코 포기할 수 없었지요."

사람들은 고개를 갸우뚱거렸다.

"하나는 눈부신 광채가 나고,
하나는 흐릿해 보이지요?

흐릿해 보이는 이 보석은
열 번밖에 깎이지 않았습니다.
반면에 눈부신 광채가 나는 이 보석은
백 번 이상 깎이는 아픔을 겪은 것입니다.

저는 사람의 인생도 이처럼
아픔과 고통의 칼날에 많이 깎일수록
더욱 빛날 수 있다고 믿습니다.

내가 만일 열세 번째에서 포기했더라면
아마 지금쯤 나의 인생 전부가
수포로 돌아가 버렸겠지요."

우리의 인생을 꽃이 만발한
아름다운 정원으로 가꾸기 위해서는
고통과 아픔이라는 거름이
그 밑바닥에 충분히 깔려 있어야 합니다.

— 박성철의 『새벽편지 가족』 중에서

✱ 눈의 효력

눈은 정직하다. 그래서 속일 수 없다. 아무리 말을 잘해도 눈을 보면, 그것이 진실인지 거짓인지를 자연스럽게 알게 된다. 사람이 타인과 의사소통을 함에 있어서 '입보다는 눈'에 의한 의사 전달이 효과를 높이는 수단이 되는 경우가 많다. 즉 가장 정직한 '눈'만으로도 커뮤니케이션이 가능하다는 것이다.
'눈과 눈 간의 신호'는 '마음과 마음 간의 신호'로 상대방을 납득시키고 인간 상호 간의 의사를 원활하게 소통하는 일은 대단히 훌륭한 일이다. 그러나 그렇게 될 때까지는 많은 인생 경험을 필요로 하게 된다. 그러나 그렇다고 해서 체념할 필요는 없다. 의식적으로 노력하면 된다.

✱ 목표 달성을 위해 한눈을 팔지 말라

사람은 욕망을 가진 동물이다. 욕망이 없다면, 인류의 발전을 바랄 수도 없다. 하나의 목표를 세우고 이를 달성시키려면, 일사불란하게 그 목표를 향해 돌진해야 한다. 하나의 목표를 달성해 나가는 동안에 부수적으로 생기는 또 다른 욕망에 눈이 어두워 "아 그렇지. 이것도 내 것으로 만들어야 한다. 저것도 내 것으로 만들고 싶다"면서 잇따른 욕망에 마음이 쏠려 진짜 목표가 흐려 꿈이 사방팔방으로 흩어져 하나라도 목표 달성을 못한다. 이렇게 되면 목표 달성은커녕 '사면초가' 상황으로 몰리게 된다.

꿈을 갖는다는 것은 훌륭한 일이므로 꿈은 계속 가져야 한다. 그러나 그 꿈을 현실로 실현시키고자 할 때는 꿈의 실현 과정에서 눈을 다른 데로 돌리지 않도록 정신을 똑바로 차려야 한다. 한 가지 한 가지씩 목표 달성의 집중화가 필요하다.

⬆ 미끄럼틀에서 내려가는 방향을 잘 살펴야 한다.

앞에서 서술한 내용은 저자 입장에서 본 '롱런 컴퍼니가 되기 위한 기본항목들' 중에서 중요한 5가지만을 추려서 설명한 것이다.

다음은 이 5가지의 기본방안들을 '중요도의 우선 순위'로 정리해 보았다.

중요도 1위.   서두르지 말라   40%
중요도 2위.   경쟁에서 지지 말라   30%
중요도 3위.   화 내지 말라   10%
              뽐내지 말라   10%
              초지일관   10%

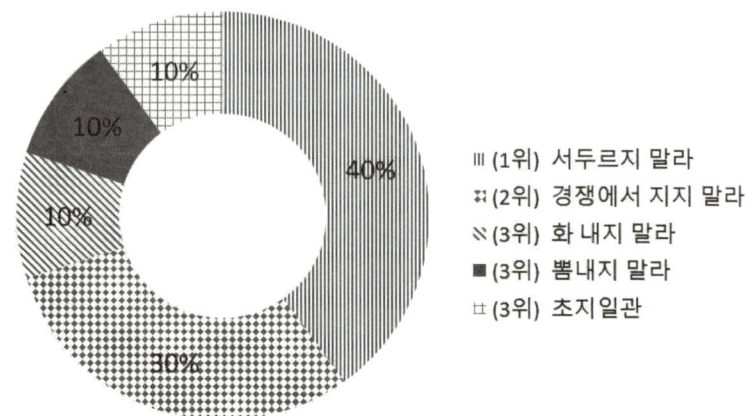

◆ 롱런 컴퍼니가 되기 위한 5가지의 기본항목 ◆

(1위) 서두르지 말라
(2위) 경쟁에서 지지 말라
(3위) 화 내지 말라
(3위) 뽐내지 말라
(3위) 초지일관

5가지의 기본방안부터 꼬옥 실천하자!
그러면 롱런 컴퍼니가 된다.

| 제4장 |

실천방안 5가지,
훌륭한 컴퍼니로 가는 길을
앞당긴다

"목표를 달성하는 방법에는 여러 가지가 있다." – 셰인 J. 로페즈

회사를 2대주주에게 넘기고 나서야 '그때 그렇게 했으면 좋았을 걸', '좀 더 열심히 했어야 됐는데'라고 뉘우쳐 보아야 소용이 없다. 사실 사람이기에 자칫 꾸준한 노력을 게을리하기 쉽다. 그리고 성공과 실패는 인생에 있어서는 표리일체(表裏一體; '겉과 속이 한 덩어리'라는 의미)이다. 그렇기 때문에 항상 희망을 가지고 진취성과 도전 의식을 지녀야 할 것이다. 이런 자세야말로 회사가 어려움에 직면하였을 때 큰 힘을 불러일으킬 수 있다.

이번 장에서는 롱런 컴퍼니로 가는 길을 앞당기는 실천방안 5가지에 대해 정리하고자 한다.

실천방안 1 ◐ 용기를 가져라

✱ 실패는 '용감했다'라는 말과 동의어이다

실리콘밸리에서 '실패한 경험이 없었다'는 것은 '용감하지 않았다'는 말과 같다. 벤처인에게 실패는 '용감했다'라는 말과 동의어다. 실리콘밸리에서는 실패를 경력의 하나로 보고, 재기를 도와주는 메커니즘이 존재한다. 대신 실패한 뒤 책임을 회피할 경우 실패자로 영원히 낙인찍힌다.

- 조나단 테오
(Jonathan Teo, 미국의 실리콘밸리 투자자)

✱ 실패 예찬

'여러분이 하버드 졸업생'이라는 사실은 곧 '실패에 익숙하지 않다'는 뜻이기도 하다. 하지만 성공에 대한 열망만큼이나 실패에 대한 공포가 당신의 삶을 좌우할 것이다.

인생에서 몇 번의 실패는 피할 수 없는 것이다. 실패 없이는 진정한 자신도, 진짜 친구도 결코 알 수 없다. 이것을 아는 것이 진정한 재능이고, 그 어떤 자격증보다 가치 있는 것이다.

- 조앤 롤링(Joan K. Rowling, 『해리포터』의 작가, 1965년~)의
하버드대 졸업식 축사에서

✱ 진정한 용기

실패할지 모른다는 두려움 속에서도 지속적으로 전진하는 것이다.

- 피터 슈라이어
(Peter Schreyer, 한국의 기아자동차 최고디자인 책임자(CDO), 1953년~)

피터 슈라이어 현대차 디자인 총괄 사장은 "배짱만큼 성공할 수 있어요. 인생의 가장 큰 리스크는 배짱을 가지지 않는 것이죠"라고 실패 위험을 무릅쓴 과감한 도전의 중요성을 강조하고 있다.

리스크 테이킹(Risk Taking)이 매우 중요하다.

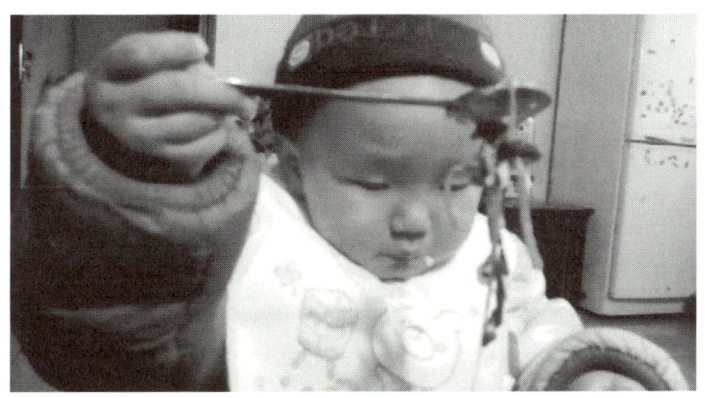

⬆ 진정한 용기를 갖고 긴 나물도 시도한다.

✱ 큰 목표가 뇌를 움직인다

등산하면서 산꼭대기까지 가려고 마음먹은 사람은
비록 꼭대기까지 못 가더라도 산허리까지는 갈 수 있다.
만약 산허리까지만 가려고 작정한다면,
산 밑바닥을 채 벗어나지도 않은 채로 반드시 그치고 말 것이다.

— 조광조(정민의 『일침』 중에서)

불가능한 것을 성취하려면 감히
상상할 수 없는 것을 생각해야 합니다.
최고를 기대하게 되면 최선을 이끌어낼 힘이 발산됩니다.

— 톰 로빈스(Tom Robinson)

◀ 대둔산 중턱을 넘어
서 정상을 향하다.

◀ 대둔산 정상에
오르다.

✲ 단순함, 그것은 천재에게 주어진 재능이다

어떤 지적인 바보도 사물을
더 크고, 더 복잡하고, 더 격렬하게 만들 수 있다.
하지만 그 반대편으로 나아가려면
약간의 천재성과 많은 용기가 필요하다.
만약 당신이 어떤 것을 단순하게 설명할 수 없다면,
당신은 그것을 충분히 이해하지 못한 것이다.

— 알베르트 아인슈타인
(Albert Einstein, 미국의 노벨물리학상 수상자, 1879년~1955년)

실천방안 2 ◐ 게으르지 말라

시간처럼 귀중한 것은 없다. 스스로 만족할 수 있을 만큼 잘 보낸 24시간은 헛되이 보낸 일생보다 값지다. 이런 의미에서 시간을 낭비하는 것은 일종의 자살 행위와 같다.

✲ 실수한 자는 용서를 해도 게으른 자는 용서하지 마라

실수는 행동하는 자의 특권이다.
실수를 할까 두려워하는 것은 관료주의의 요람이고,
모든 발전의 적이다.
100퍼센트 옳은 결정이란 없다.
우리는 실수를 얼마든지 허락한다.
직원들에게 일종의 실수 면허증을 만들어 주었다.

— 잉바르 캄프라드(Ingvar Kamprad, 이케아 회장)의
『이케아 불편을 팔다』 중에서

삼성의 이건희 회장도 "실수를 한 자는 용서를 해도, 시도를 하지 않으려는 자는 용서하지 말라"고 이야기를 한 적이 있다. 이는 실패가 두려워 시도조차 하지 않는다면, 발전이 있을 수 없으니 열심히 하라는 취지의 말이 아니었다. 눈치만 보고 시켜야만 하는 사람보다는 실패를 두려워하지 않고 신제품과 신기술의 개발에 매진하는 연구원을 더 우대하겠다는 것이다. 이후 'Red Note'라는 Tool을 만들어 실수를 반복하지 않도록 실패사례집을 만들어 연구원들이 새로운 프로젝트에 들어가기 전 숙지를 하도록 했다.

✱ 변화의 출발점

많은 사람들은 세상이 바뀌기를 바란다. 새로운 시대가 도래하리라는 막연한 기대를 하기도 한다. 뛰어난 누군가가 놀라운 기술이 나타나 바뀌리라 여긴다. 하지만 세상은 그렇게 바뀌지 않는다. 세상이 바뀌기를 바란다면, 지금 이 순간 내 자신부터 바뀌어야 한다.

모든 변화의 시작이나 새로운 시대의 시작은 바로 '나'에게서부터 비롯된다. 지금, 바로 여기에서 변화를 시작하자. 나와 당신, 바로 우리가 그 변화의 출발점이다.

✱ 망설임이 최대의 장애물이다

당신 앞에는 어떠한 장애물도 없다.
망설이는 태도가 가장 큰 장애물이다.
결심을 가지면 드디어 길이 열리고
현실은 새로운 국면으로 접어든다.

― 러셀
(Russell, Bertrand Arthur William, 영국의 철학자 및 수학자, 1872년~1970년)

이 세상에서 가장 나쁜 지도자는
잘못된 결정을 내리는 사람이 아니라,
결정을 내리지 못하는 사람이다.

- 니콜로 마키아벨리
(Niccol Machiavelli, 근현대 정치학의 아버지, 1469년~1527년)

실패의 최대 원인은 결단력의 결여에서 비롯된다.

- 나폴레온 힐
(Napoleon Hill, 미국의 작가, 1883년~1970년)

✱ 가장 슬픈 말

미국 시인 존 그린리프 휘티어(John Greenleaf Whittier, 1807년~1892년)는 "인간이 사용하는 가장 슬픈 말은 무엇일까?"라는 물음에 이렇게 답했다.

"말이든 글이든 인간의 언어 중 가장 슬픈 말은 '아, 그때 해볼걸!'이다."

Of all sad words of tongue or pen, the saddest are these; "It might have been!"

- 이미도(번역가)의 『똑똑한 식스팩』 중에서

실천방안 3 ◐ 시기하지 말라

현명한 사람은 어리석은 사람한테서도 배울 것이 있지만, 어리석은 사람은 지혜로운 사람한테서도 배울 것을 취하지 못한다. 자신의 실수를 깨끗이 인정하는 것도 하나의 지혜이다.

✱ 미움, 시기, 질투로부터 벗어나는 방법

시기는 질투와도 같은 것이다. "시샘"이라는 말로도 사용되는데, 그 뜻은 "다른 사람이 하는 것에 대해서 기쁘게 생각하지 못하고 샘을 내는 마음"이라는 것이다. 이 세상에 일어나는 모든 일들에는 저마다 이유가 있다고 생각한다.

부정적인 일이라도 그 일이나 행동을 통하여 한층 성숙해진다거나, 새로운 교훈을 얻을 수 있기 때문에 사람은 이것저것 경험이 많을수록 중요하다고 생각한다.

실천방안 4 ◐ 얼굴을 찡그리지 말라

사람들은 슬픔이나 괴로움 속에서도 웃음을 잃지 않고, 힘차게 살아 나간다. 마음속으로는 울면서 얼굴은 웃는 표정을 짓고 살아야 행복이 계속 찾아온다. 찌푸린 표정, 화난 얼굴, 어두운 표정은 아마도 주위로부터 멀리하는 결과가 된다.

다소 쓰라리고 슬프더라도 마음을 굳게 먹고 웃는 표정을 계속 짓는다면, 반드시 행복이 저쪽에서 미소짓고 달려올 것이다. 마음에 여유를 가지고 항상 웃는 얼굴을 잃지 않도록 명심하고 대인 관계를 생각해야 한다.

웃음 짓는 모습에는 사람의 참모습이 나타나게 마련이다. 예컨대 빙그레 웃는 아기의 모습을 보아도 알 수가 있듯이, 어두운 사람보다 밝고 쾌활한 사람이 더 호감이 가는 것은 당연하다. 우리의 얼굴에서 어두운 표정은 지워버리고 어느 때든 명랑함을 지니도록 노력해야 한다.

당신이 먼저 웃으면 세상과도 웃으며 살게 된다.

⬆ 찡그리지 않고 웃는 얼굴이 복이 많다.

✽ 긍정적인 생각을 해라

안 된다고 생각하지 말고 된다고 생각해라. "나는 할 수 있어 해내고 말거야"라고 크게 생각하면, 크게 이루어진다. 어리석은 자는 핑계를 찾지만 현명한 자는 방법을 찾는다.

우리는 행복하기 때문에 웃는 것이 아니라, 웃기 때문에 행복하다. 부정적인 생각을 갖고 업무에 임하면 마이너스 50에서 출발하기 때문에 1점짜리 결과물을 내놔도 최종 점수는 50점 밖에 안 된다.

매사에 할 수 있다는 믿음을 갖고 나서야 한다. 할 수 없어도 할 수 있다고 말하지 않으면, 기회는 없다. 무조건 "할 수 있다"고 말해야 한다.

⬆ 웃는 얼굴은 비즈니스의 기본이다.

✱ 중졸 출신의 힐튼호텔 총주방장

중졸의 학력으로 꾸준히 노력해 38세에 힐튼호텔의 총주방장까지 오른 박효남 상무의 성공 신화의 비결이다.

- ■ 박효남 총주방장에게서 배우는 '성공 노하우'
  - 항상 긍정적인 마인드를 가져라.
  - 끌려 가지 말고, 끌고 가라.
  - 업무 시간 외의 투자에 관대하라.
  - 과거보다 미래에 열성을 쏟아라.
  - 상대방보다 먼저 웃음을 건네라.
  - 재능은 만들어 가는 것이다.
  - 모든 일은 자신의 이름을 걸고 하라.

사람을 판단할 때 가장 중요한 것은 그 사람의 얼굴이다. 얼굴이 밝게 빛나고 웃음이 가득한 사람은 언젠가는 성공할 수 있지만, 얼굴이 어둡고 늘 찡그리는 사람은 쉽게 좌절하곤 한다.

실천방안 5 ◐ 외로워하지 말라

세상의 주인공은 독자 여러분들이다. 주어진 일에 최선을 다하면서 작은 일에도 기뻐할 줄 알고, 유쾌하게 하루하루를 보내는 것이야말로 위대한 삶이다. 꼭 눈에 보이는 결과를 이룩해서 사람들의 입에 오르내리고, 명예를 얻고 부를 쌓는 것만 위대한 인생은 아니다.

⬆ 자동차 장난감으로 외로움을 달랜다.

⬆ 항상 남들과 더불어 잘 살아야 한다.

✱ **성공의 비결은 결코 운이 아니다**

셀 수 없이 많은 고통에 몸이 찢겨 나가도 웃으며 앞으로 나아갔던 사람들의 시린 상처를 들춰보라. 거기에 답이 있다.
까지고 부러지고 찌끄러진 내 두 발, 30년 동안 아물지 않은 그 상처가 나를 키웠다.
성공한 사람의 부와 명예만을 바라보지 마라.
또 그걸 운으로 이룬 것이라 생각하지 말라.

- 강수진(발레무용가, 1967년~)의
『나는 내일을 기다리지 않는다』 중에서

훈련 한 번으로는 아무것도 일어나지 않는다. 자신을 채찍질하며 수천 번 훈련했을 때, 신체의 여러 부분에서 변화와 발전이 일어날 것이다.

- 에밀 자토(올림픽 3관왕, 체코의 육상선수)

✱ **혼자하지 말라**

우드로 윌슨(Woodrow Wilson, 1856년~1924년) 미국 대통령은 '자기 자신의 두뇌뿐 아니라 빌려 쓸 수 있는 두뇌까지 모두 사용해야 한다'라고 말했다.

왜 두뇌만 빌리는가? 손도 마음도 모두 빌려라.

린든 존슨(Lyndon Johnson, 1908년~1973년) 대통령은 이 사실을 알고 있었다.
'모두가 힘을 합쳐 해결하지 못할 문제는 없다.
그러나 혼자서 해결할 수 있는 일은 거의 없다.'

- 존 맥스웰(John C. Maxwell, 미국의 목사, 1947년~)의
『매일 읽는 맥스웰 리더십』 중에서

'유능한 인재 뒤에는 다른 유능한 인재 여럿이 있다'는 중국 속담이 있다. 모든 것을 혼자 하려고 하는 사람에겐 이미 게임은 끝난 것이나 다름없다. 뭔가 큰일을 도모한다면, 반드시 다른 사람들과 함께 해야 한다. 위대한 일은 결코 혼자 힘으로는 이룰 수 없다.

✱ 더불어 잘 사는 것이 중요하다

풍력발전소는 환경, 소음, 풍향 등으로 인해 설치하는 것이 쉽지 않은 게 현실이다. 이 중에서 설치 장소의 주변에 있는 사람들의 반대가 많다는 것이 가장 큰 문제이다.

네덜란드의 사례로, 한 농부가 자신의 농사짓는 토지의 뒷편에 풍력발전소를 설치했다. 그는 크게 들리는 풍력발전소의 회전 소리를 좋아라 하면서 농사일을 하고 있었다. "왜 좋아하느냐"고 질문하면, "이 회전 소리를 듣는게 습관이 되었고, 내 통장으로 전기판매대금이 들어오니 더욱 좋다"고 한다. 또한 풍력발전소를 추진한 이후 AS는 꼭 필요하기에 설치 주변에 있는 사람들이나 가족들한테 집중교육을 시켜 AS 엔지니어로 육성하여 활용한다고 한다.

우리 나라도 이런 점을 잘 활용하면, 더불어 잘 사는 길이 될 것이다. 저자는 "정부기관에서 규제를 아무리 심하게 해도, 지역 주민이 지방자치단체를 통해 정부에 건의하면 못할 일이 없다"고 생각한다. 이것이 진정 지역 주민들과의 원활한 소통으로 모든 일이 수용되는 길이 아니겠습니까? 혼자서 잘사는 것이 중요한 것이 아니라, 주위 사람들과 함께 더불어 행복하게 잘사는 것이 무엇보다 중요하다.

| 제5장 |

성공어록,
훌륭한 검퍼니의 길이다

"여러 가지 방법 중 장애물이 없는 것은 하나도 없다." - 셰인 J. 로페즈

사업을 하다 보면 크고 작은 실패들이 있을 수 있으며, 거의 대부분의 사업 환경은 어느 회사에게나 비슷하다. 실패의 원인들도 다양하고 어쩔 수 없이 당하는 경우도 많으나, 이런 실패들을 극복하는 것이 절실하다.

  다음과 같은 성공어록을 통해 위로가 되고 힘이 되어, 경쟁력이 있는 롱런 컴퍼니로 재성장하는 디딤돌로 삼았으면 하는 저자의 바람이다.

성공어록 1 ◐ 경영의 지혜

✽ 경영자의 훌륭한 인품과 인덕이 성공적인 조직을 만든다
  남을 다스리기 이전에 자신을 철저히 다스리라.
  내적인 충실함을 위해 부단히 공부하라.
  넓은 도량은 사람 마음을 얻는 원동력이다.
  높은 곳에 있어도 자세를 낮추면, 더 많은 것을 얻게 된다.
  기업의 가장 큰 자산은 사람이다.
  집행력이 성공을 좌우한다.
  눈앞의 이익보다 대의를 생각하고 행동하라.

✽ 신용과 도덕성은 성공하는 기업의 필수요건이다
  믿어 주는 것은 최고의 칭찬이다.
  신뢰를 잃는 것은 모든 것을 잃는 것과 같다.
  공은 나누고 책임은 떠안는 것이 최상의 용인술이다.
  큰 성공을 바란다면 작은 이익에 연연하지 말라.

정당하게 얻은 성공이 아니면 사상누각(沙上樓閣)일 뿐이다.
상도(商道)를 지키는 만큼 브랜드에 대한 신용이 쌓인다.

✽ 경영은 인간의 존중에서 시작되어야 한다

두 사람이 합치면 그 합의 능력은 둘이 아니라 무한대가 된다.
얻고자 하면 먼저 많이 베풀라.
성공적인 경영은 인간의 존중에서 시작된다.
기업의 흥망성쇠는 인적 자원에 달려 있다.
최고의 교육은 스스로 하도록 일깨우는 것이다.
개인과 조직이 조화를 이룰 때 효율은 극대화된다.
기업을 떠받치는 주춧돌은 직원이다.
고객의 입장에서 생각하면, 성공의 길이 보인다.
제품에도 휴머니즘을 담아라.

✽ 높은 인격과 훌륭한 인성은 최고의 리더십이다

독단은 실패의 온상이다.
조직이 건강하려면 질서가 바로 서야 한다.
정보는 곧 경쟁력이다.
높은 인격은 최고의 카리스마이다.
문화 사업은 기업의 품위를 높이는 매개체이다.
사회적 기여 또한 기업의 존재 이유이다.
좋은 것은 받아들이고 나쁜 것은 타산지석(他山之石)으로 삼아 발전의 원동력으로 삼으라.
직원에 대한 존중은 곧 고객 존중으로 이어진다.

✱ 마음을 얻으면 일의 반은 해결된 것이다

사람은 각기 그 쓰임이 다르다.
믿지 못할 사람은 쓰지 말고, 일단 쓴 사람은 의심하지 말라.
인문에서 경영의 지혜를 배운다.
성공적인 사회 생활을 위해서는 예의에 밝아야 한다.
매순간 자신의 본분에 최선을 다하라.
사람이 없으면 기업도 없다.
진심을 다해 상대의 마음을 얻으면, 일의 반은 해결된 것이다.
인재 확보가 기업의 성공을 가른다.
기업 성공의 원동력은 인재 양성이다.

✱ CEO는 학식, 지혜와 함께 인격을 갖추어야 한다

눈앞의 이익보다는 장기적인 발전을 꾀할 때 더 많은 이익이 돌아온다.
역지사지(易地思之)의 태도는 사람을 얻는 기술이다.
직원을 만족시키는 것은 소비자를 만족시키기 위한 첫걸음이다.
경쟁에도 도(道)가 있다.
가정에 대한 관심은 직원들의 소속감 증대로 이어진다.
돈벌이가 아닌 사명감으로 기업을 운영하라.
인덕(仁德)이 최고의 리더십이다.
자신이 아닌 남의 입장에 서서 생각하고 행동하라.

✱ CEO는 수신(修身)이 경영보다 우선이다

윗물이 맑아야 아랫물도 맑다.
관용(寬容)은 조화를 이루기 위한 전제이다.
조직을 경영하기 이전에 자신을 먼저 경영하라.

공익 추구는 기업의 장기적인 발전을 뒷받침한다.
직원에게 이익을 나누어 주면, 결국 기업의 이익으로 돌아온다.
기업은 경영자가 개인의 꿈을 추구하는 곳이 아니다.
규율보다 기업 정신이 직원을 움직이는 동력이다.

✲ 상생이 기업 생존의 첫째 전략이다

갈등을 만들지 않는 것이 갈등 해결을 위한 최상의 해법이다.
경쟁이 아닌 상생이 미래의 기업 생존 전략이다.
인재를 얻기는 어렵지만 쓰는 것은 더 어렵다.
남의 장점을 취하여 창조의 밑바탕으로 삼으라.
신뢰와 이익 보장은 협력을 위한 초석이다.
과정의 공유는 결과의 공유보다 더 큰 성취를 가져온다.
경쟁보다 함께 파이를 키울 때 각자의 몫은 더 커진다.

✲ 사람의 경영이 CEO의 성패를 좌우한다

예의는 조화를 이루기 위한 하나의 룰이다.
신용과 좋은 이미지는 하나의 생산력이다.
높은 자리일수록 허물은 더 잘 보이게 마련이다.
자신을 돌아보고 반성하는 것이 문제 해결의 출발점이다.
유연한 경영이 성공하는 조직을 만든다.
경영의 답은 사람에 있다.
펀(Fun) 경영이 조직의 기를 살리고, 소비자의 마음을 사로잡는다.

✽ 흐르는 물처럼 경영하라

무슨 일이든 극단으로 치우치지 말라.
균형적인 발전은 백년 기업을 만드는 토대이다.
질서 체계의 확립은 조직의 건강한 발전을 위한 전제이다.
리더가 모범을 보여야 그 말도 통하는 법이다.
위기의 회피는 오히려 더 큰 화를 불러온다.
적재적소(適材適所)에 인재를 배치하는 일은 경영자의 최우선 과제이다.
뜻은 크고 높게 가지고, 마음은 초심을 잃지 말라.
물처럼 융통성을 발휘하고 끊임없이 변화를 모색하라.
  - 샹루 저/황보경 역의 『인문에서 경영의 지혜를 배우다』 중에서

성공어록 2 ◯ 실패와 성공에 대한 명언들

실패를 두려워하지 말고 도전한다면, 여러분은 반드시 성공할 수 있을 것이다. 만일 하루 종일 스키를 타면서 한 번도 넘어지지 않았다고 말하는 사람이 있다면, 나는 그에게 다른 스키장에 도전해보라고 말한다.

- 마이클 블룸버그

(Michael Bloomberg, 前 미국의 뉴욕시장, 블룸버그 통신 창업자, 1942년~)

내 농구 인생에서 9,000번 넘게 슛에 실패했고 300번 가량 게임에 졌다. 그 가운데 26번은 마지막 회심의 역전 슛이 실패해서 진 것이다. 이처럼 내 삶은 실패의 연속이었다. 바로 이것

이 내가 성공한 이유다.

― 마이클 조던
(Michael Jordan, 농구선수, 1963년~)

실패를 두려워하지 말라. 많은 사람들이 성공하기 위해 실패한다. 성공한 사람들도 많은 불행을 경험한다.

― 마이클 조던

패배에 연연해서는 안 된다. 패배는 인생에서 단 하루 벌어진 일일 뿐이므로 거기에 압도돼서는 안 된다.

― 조지 포먼
(George Foreman, 미국의 영화배우 및 권투선수, 1949년~)

우리 삶의 최대 영광은 한 번도 실패하지 않는 데 있는 것이 아니라 넘어질 때마다 다시 일어나는 데 있다.

― 올리버 골드스미스
(Oliver Goldsmith, 영국의 시인, 소설가 겸 극작가, 1728년~1774년)

우리는 자신의 실수나 실패, 문제들을 웃으며 반기는 방법을 배우지 않았다. 사실 그런 것들을 통해 많은 것을 배울 수 있는 데도 말이다.

― 마단 카타리아
(Madan Kataria, 인도의 웃음요가와 웃음클럽운동의 창시자, 의사)

성공어록 3 ● **반기문 총장의 성공하는 비결 19계명**

(출처 : 리포트 「한국을 빛낸 자랑스러운 인물」, 반기문(2009년))

- **친절**. 인생 최대의 지혜는 친절이다.
- **포용**. 나를 비판하는 사람을 친구로 만들어라.
- **배려**. 베푸는 것이 얻는 것이다.
- **유머**. 유머 감각은 큰 자산이다.
- **평화**. 대화로 승리하는 법을 배워라.
- **관계**. 금맥보다 더 중요한 것은 인맥이다.
- **리더십**. 세계 역사를 바꿀 수 있는 리더십을 배워라.
- **최선**. 1등이 되어라! 2등은 패배이다.
- **다양성**. 세계는 멀티플레이어를 원한다.
- **경험**. 직업은 일찍 결정하라.
- **실력**. 실력이 있어야 행운도 따라 온다.
- **도전**. 잠들어 있는 DNA를 깨워라.
- **자기개혁**. 자신부터 변화하라.
- **겸손**. 자기를 낮추는 지혜를 배워라.
- **독심**. 당신의 생각이 옳다고 생각되면 소신을 굽히지 마라.
- **공지**. 당신이 누구인지 알려라.
- **절제**. 헛된 이름을 쫓지 마라.
- **인내**. 지금 자면 꿈을 꾸지만, 지금 공부하면 꿈을 이룬다.
- **성실**. 근면한 사람에게 정지 팻말을 세울 수 없다.

성공어록 4 ◐ 행복을 만드는 12가지 원칙

✱ 원칙 1. 두려움은 당연하다. 숨기지 마라

스코트 팩(Peck M. Scott, 미국의 정신의학자)은 말한다. "두려움이 없는 것은 뇌 손상의 증거다. 두려운 곳에 길이 있다. 비행기는 공기 저항이 있기 때문에 하늘을 날 수 있다. '체중 감량을 하다 쓰러지지 않을까?', '금연하다가 친구를 잃지 않을까?', '술을 끊는 일로 사업상의 불이익을 당하지 않을까?' 등등. 그러나 잃는 것이 있다면, 얻는 것은 더 많다는 것을 기억하라."

✱ 원칙 2. 핑계를 버려라

가장 먼저 정복해야 할 습관은 "탓"이다. 선택과 성공에는 오직 한 가지 이유만 존재하지만, 실패에는 수천 수만 가지의 변명이 따른다. 습관을 정복하려면 탓을 버려라. '친구 탓', '환경 탓', '날씨 탓', '건강 탓' 등. 결국 버려야 하는 것은 '탓 증후군'이다.

✱ 원칙 3. 긍정적 사고로 나아가라. 생각이 해답이다

습관이란 내가 진리라고 믿는 생각의 결정체이다. '자살'도 거꾸로 읽으면 '살자'가 된다. 하루야마 시게오(春山茂雄(춘산무웅))는 "'좋다, 될 것이다, 할 수 있다'는 긍정적인 플러스 발상을 계속하면 뇌에 좋은 호르몬을 분비시켜 사람의 의욕을 고취시키고, 인내력과 창의력을 강화시키고, 결국 건강 증진에 도움을 준다"고 주장한다. 몸무게를 줄이겠다는 목표보다 나의 몸에 안식년을 선포하고 금식보다 몸의 "대청소의 날"이라 선포해보라. 한결 의미가 있어지고 쉬워진다.

✲ 원칙 4. 쉬운 것부터 단계를 따라 구체적으로 시도해라

1km를 가는 것은 시련이고, 1m를 가는 것은 어렵지만 1㎝를 가는 것은 식은 죽 먹기다. 금연을 위해서라면 점차 담배개비 수를 줄여 나가는 것은 물론 니코틴 함량이 낮은 담배로 서서히 옮겨가 금단 증상을 충분히 극복한 뒤 끊는 것이 지혜롭다. 몸무게를 줄인다고 말하는 것은 의미가 없다. 이번 다섯 달에 5㎏을 줄이겠다는 식의 구체적인 목표를 정하는 것이 중요하다.

✲ 원칙 5. 일곱 번만 해라. 길게 잡지 마라

"작심삼일(作心三日)"이라 한다. 그러나 그것도 일곱 번만 하면 21일이 된다. 21일이면 계란도 생명으로 부활한다. 모든 병뚜껑은 주름(크라운)이 21개다. 피라미드의 원리에 따라 가장 견고한 밀봉 상태를 가지게 되어서다. 새로 태어난 아이도 세이레(아이가 태어난 이후 21일 동안. 또는 21일이 되는 날)가 지나야 외출이 허용되었다. 그것은 '면역 체계의 생성' 때문이었다. 평생 동안 술을 안 마시겠다는 것보다 단지 오늘 하루만 절주하자고 다짐해라. 성공의 열쇠는 오늘 하루에 있다.

✲ 원칙 6. 그날그날이 첫날이 되게 하라

내가 헛되이 보낸 오늘 하루란 어제 죽어갔던 사람들이 그렇게 가지고 싶어 했던 내일이 있었다. 그토록 소중한 한 날로 맞이해라. 그래서 매일매일 새롭게 시작해라. 날마다 새로운 결심으로 다짐한다면, 이루지 못할 약속은 없다. 오늘이 새로 시작하는 날이다.

아침 운동의 첫날이다.
5분 행복의 첫날이다.
TV 안보기의 첫날이다.

매일 그렇게 다짐해라. 첫날은 누구에게나 의욕을 가져다 준다.

✲ 원칙 7. 소문을 내라. 그래서 울타리를 쳐라

소문은 내라. 혼자 한 약속은 깨지기 쉽다. 내가 무엇을 하든지 많은 사람들이 알고 나면, 체면 때문에라도 행동하게 된다. 따라서 주변 사람들을 감시견(Watchdog)으로 활용하는 것이야말로 가장 좋은 지혜다.

켄 블랜차드(Ken Blanchard, 미국 매사추세츠대학교의 경영학과 교수, 1939년~)는 "말하지 않은 좋은 생각은 좋은 생각이 아니다"고 했다. 떠들어라. 자녀들과 동료들 앞에 외쳐라.

✲ 원칙 8. 스스로 깨라. 기다리지 말아라

알도 스스로 깨고 나오면 병아리가 되지만, 누가 깨주면 계란프라이가 된다. 습관을 정복할 수 있는 사람은 나밖에 없다. 남이 나를 깨뜨릴 때까지 기다리지 말라. "다들 한다(He can do. She can do.) 그렇다면 Why not me(나라고 왜 못해)" 그렇게 외쳐라. 나를 이기고 나면 세상이 두렵지 않다.

✲ 원칙 9. 자기 목표가 표준이 되게 해라. 비교하지 마라

주디 갈랜드(Judy Garland, 미국의 영화배우 및 가수, 1922년~1969년)가 이런 말을 했다. "다른 사람을 쫓아 2인자가 되지 말고 자기 자신에 충실한 1인자가 되어라." 남의 기준에 끌려가지 말고 나의 기준을 다른 사람들의 표준이 되게 해라. 남이야 어떻게 하든 신경쓰지 마라. 사람마다 체질이 있듯이 모든 게 같을 수 없다. 누가 1개월 만에 7kg을 줄였다는 말을 절대 믿지 마라. 나에게는 나의 길이 있을 뿐이다.

✱ 원칙 10. 성공했을 때 가만 있지 마라. 보상해주어라

휘트니 휴스톤(Whitney Houston, 미국의 가수, 1963년~2012년)이 노래 하는 것처럼 진정으로 "자기 자신을 사랑하는 것을 배우는 것이 세상에서 가장 위대한 사랑이다."

습관을 정복한 자신을 자랑스럽게 만들어라. 스스로에게 평소에 갖고 싶었던 물건을 사주어라. 좋아하는 물건도 괜찮다. 또는 수집하는 물건이면 더욱 좋다. 이는 피그말리온 효과(Pygmalion Effect; 타인의 기대나 관심 등으로 인하여 능률이 오르거나 결과가 좋아지는 현상을 말한다)를 가져와 삶의 의욕을 고취시킨다.

✱ 원칙 11. 한번 실패했다고 포기하지 말라. 다시 시작해라

넘어지는 것은 수치가 아니다. 넘어졌다 다시 일어나는 자에게 박수를 보낸다. 하지만 그 자리에 누워 불평하는 것은 수치다. 오스왈드 에이버리(Oswald Avery, 캐나다의 의사이자 유전학자, 1877년~1955년)가 이런 말을 했다.

"넘어질 때마다 무엇인가를 주워라."

실패는 "시행 착오"라는 교훈을 통해 혁신으로 비약할 수 있는 자산이다. 다시 담배를 피우게 됐더라도 패배라고 여기지 말고 성공을 거두기 위한 작은 후퇴로 생각하고, 다시 시작하라. 재차 시도할 때는 성공할 가능성이 훨씬 높다.

✱ 원칙 12. 사람을 사귀어라. 사람이 습관이다

다른 사람들과의 접촉을 늘려라. 생각과 생활 방식이 나와 다른 사람들과 만남을 많이 갖는 것이 좋다. 만남은 사고의 폭을 넓혀 주며 삶의 의욕을 불어넣어 줄 것이다. 좋은 습관은 좋은 사람들과의 교제에서 온다. 성공한 사람에게는 성공의 습관이 있다. 바로 그것을 놓치지 말아라. 만날 때마다 한 가지씩 찾아 보아라. 사람에게서 받는 도전이 제일 좋은 도전이다.

- 한국라이프코치 연합회

성공어록 5 ❍ **성공하는 사람들이 해야 할 10가지 항목**

✽ 항목 1. 뚜렷한 목표(Objective)를 설정하라

당신을 일직선으로 나가게 만들어 준다.

당신이 사용할 시간은 당신이 생각하는 것만큼 많지가 않음을 명심하라.

닥치는 일들을 잘 처리하면 되는 것 같지만 사실은 그렇지 못하다.

문제는 시간이 흐르면 흐를수록 더 많은 문제를 직면하게 될 것이다.

뚜렷한 목표는 목표 달성을 이루게 하고 나아가 단축시키는 효과가 있다. 이 뚜렷한 목표는 간절히 원하는 일들이 있어야만 가능하다.

✽ 항목 2. 최소한 12가지 이상의 목표를 정하고 달성하라

다음의 3가지 큰 기준으로 목표를 세워라.

- 사회 봉사를 염두에 두어라.
- 가정의 목표를 뚜렷하게 설정하라.
- 자아 실력의 향상을 정해라.

적어도 한 달에 하나씩은 목표를 달성한다는 전략을 가져라.

✽ 항목 3. 가정에 성공을 이루어라

모든 힘은 가정에서 나온다. 절대 가정을 소홀히 하고 성공하는 사람은 지금까지 아무도 없다. 인생은 단기전이 아니라 마라톤과 같은 장기전이다.

힘의 근원은 가정에서 나옴을 명심하라.

돈을 아무리 많이 번다고 해도 자식 농사를 망치면, 아무 소용 없는 일이다. 돈은 나중에 벌어도 가능하지만, 자식 교육은 시기를 놓치면 안 된다. 우선순위는 가정이 우선임을 잊지 말라. 사업에 실패하는 사람은 다시 회생할 가능성이 있지만, 가정에 실패하는 사람은 절대 회생하지 못한다.

✱ 항목 4. 절약을 생활화하라

진정한 부자는 만원을 벌기 보다는 천원을 절약하는 데에서 나온다. 절약하지 않고서는 부자 될 생각은 하지 말라.

골프는 치는 것은 괜찮다. 하지만 10년 후에도 골프를 칠 자신이 있다면 하라. 그렇지 않다면 돈 안 드는 취미생활을 하라.

✱ 항목 5. 자기 계발에 시간과 자금을 투자해서 실력을 쌓아라

직장인이 자영업이나 사업가로 변신하기 위해서는 대략 2년에서 길게는 5년의 준비가 필요하다. 어려움을 당하고 나서 그때 가서 변하겠다고 생각하면, 이미 게임은 끝났다고 보는 것이 옳다.

당신 자신을 위한 R&D(연구개발비) 비율은 10%로 하라. 2천만 원이면 2백만 원은 자신을 위해서 투자하라. 술, 오락비, 유흥비만 줄이면 충분히 가능하다. 아파트관리비, 자동차보험료도 년간 백만 원이 넘는다. 아파트관리비, 자동차보험료보다 당신은 수천 배 더 귀중함을 잊지 말라. 엉뚱한 곳에 돈 쓰지 말고 자신을 위해서 투자를 하라.

성공과 관련된 워크숍에 참여하거나, 책을 구입하는 등에 과감하게 투자하라.

교육은 비용이 아니라 투자임을 명심하라. 투자하지 않고 얻는 것은 없다. "교육 투자는 비용 회수률이 대략 480%가 넘는다"는 사실을 명심하라.

✱ 항목 6. 생활 패턴을 조기조침(早起朝寢)으로 만들어라

일찍 일어나지 않고서는 절대 성공적인 인생을 살지 못한다. 우리 나라의 사람들은 잠을 너무 많이 자는 경향을 가진다. 최근 CEO의 평균 수면 시간은 4시간 정도이다.

새벽은 당신에게 황금과 건강 그리고 성공을 가져다 준다. 집안에 한 명만이라도 새벽 패턴을 하면, 집안 전체가 건강해지는 경우가 많다.

이제 나이가 조금 들었다면, 빨리 새벽형 생활로 바꿔라.

30대를 지나면서도 새벽형 생활을 하지 못하면, 평생 가난과 싸우게 됨을 명심하라.

새벽형 생활을 만들기 위해서는 무엇보다 중요한 것은 일찍 자는 것이다. 10시 이전에 잔다. 9시 뉴스를 보지 않는다. 하지만 살아가는데 전혀 불편함을 느끼지 않는다. 신문으로도 충분히 대처할 수 있다.

새벽형 생활은 반드시 부를 가져다 준다. 10시 이전에 잠을 자기에 술을 먹지도 않고 오락과 유흥은 절대 할 수 없는 생활을 만든다.

지금 생각하면 새벽형 생활은 엄청난 돈을 절약하는 계기를 마련해 준다. 나아가 생활이 규칙적으로 되기 때문에 과거보다 훨씬 더 건강해졌다. 나아가 성인병은 생각도 하지 않는다.

새벽은 또 많은 시간을 가져다 준다. 새벽의 한 시간은 평상시의 3시간과 필적한다. 그만큼 새벽시간은 집중력이 대단히 뛰어나다.

새벽의 위대함을 얼마나 빠른 나이에 경험하는가의 여부에 따라 성공하는 인생이 결정된다고 해도 과언이 아니다.

✽ 항목 7. 시간 관리에 성공하라

시간은 목표와 계획에 의해서 관리된다. 반드시 종이에다 잘 정리해서 적어 두고 매일 꾸준하게 점검해야만 그것이 목표이고 계획이다.

아무리 잘 만들어진 목표와 계획이라도 자주 점검하고 체크하지 않는다면 아무 소용없다.

목표는 먼저 평생 목표를 정해야 한다. 적어도 죽기까지 100가지 이상은 목표로 정해야 한다. 그것을 이루기 위해서 10년 목표, 1년 목표, 6개월 목표, 한 달 목표, 주간 계획, 일간 계획 순으로 일관되게 일일 계획과 평생 목표가 연관이 되어야 한다.

이것에 의해서 실행하고 평가하고 분석하고 다시 실행하는 반복이 바로 시간 관리의 핵심이다. 이 시간 관리는 목표와 계획에 의해서 행동하는 것이다.

일주일을 계획에 의거 행동하라. 그러면 시간이 흐르면, 당신도 모를 정도로 많은 것을 이룬 것을 알게 될 것이다.

✱ 항목 8. 급변하는 경제 흐름을 주시하라

경제적 지식은 당신에게 큰 이익을 가져다 준다. 돈을 벌고 싶다면 경제면을 주시하라.

정치, 스포츠, 오락, 연예에 관심을 두고 생활한 사람치고 큰 부자를 만나지 못했다. 무식하게 증권만 한다고 돈을 벌던 시대는 이제 지나갔다. 전반적으로 경제 흐름을 잘 파악해야만 한다. 그러기 위해서는 반드시 경제와 관련된 기본 상식을 알아야 한다. 그것을 알지 못하면 죽을 때까지 불안하게 살아가게 된다.

재테크에 있어서 제1순위는 "모르면 가만 있어라." 괜히 모르면서 약간 배웠다고 투자하다 있는 재산 다 날리는 경우가 우리 주위에는 너무 많다.

20년 넘게 9시 뉴스를 한 번도 빠짐없이 본 사람이 아직도 전셋집에서 살고 있다. 반면 경제에 관심을 둔 사람은 10년 안에 큰 부자가 된 경우를 본 적이 있다. 경제적 기초를 돈을 주고서라도 배워라. 그리고 경제 흐름을 잘 분석하고 파악하면, 엄청난 기회를 얻게 될 것이다.

✱ 항목 9. 성공 훈련을 하라

성공은 지식에 있는 것이 아니라 지식을 통한 경험에 있다. 많이 아는 사람이 성공하는 것이 아니라, 아는 것을 실천해서 경험을 가지고 있는 사람이 성공한다.

박사가 성공하는 것이 아니라, 새로운 지식을 가지고 행동하는 사람이 성공한다.

많이 아는 것이 중요한 것이 아니라, 아는 것을 실천하고 그 실천을 통해 소중한 경험을 많이 한 사람이 성공한다.

성공하는 인생을 원한다면 성공 훈련을 하라.
성공 훈련을 하루에 한 시간 이상 하라.

✱ 항목 10. 7가지 성공 훈련 체크리스트(7 Success Training)

Condition Training.

- 술, 담배는 끊어라.
- 30초 원칙.
- 건강하고 균형 잡힌 육체를 만들어라.
- 미루지 말라.
- 평생 동안 꾸준하게 운동하라.
- 청결한 의복.
- 조기조침을 생활화하라.
- 부지런하라.
- 항상 주위 환경을 청결하게 하라.

Practice Training.

- 행동 위주의 삶.
- 이론보다는 실전에 강해야만 한다.
- 실전은 경험이다.
- 현장에 나가서 착수하라.
- 위험을 감수하라.
- 위험을 통해 배워라.

성공어록 6 ◐ **스포츠 스타의 가슴을 찌르는 명언**

세상에서 가장 힘든 것은 어떤 일을 꾸준히 해내는 것이다.

- 박찬호
(前 야구선수, 1973년~)

한 번씩 링에서 다운될 수는 있다. 여러 번 다운될 수도 있다. 권투선수라면 다운 당하는 것이 당연한 것이 아닐까? 중요한 것은 다운됐을 때 일어서야만 챔피언이 될 수 있다는 사실이다.

- 조지 포먼
(George Foreman, 미국의 권투선수이자 영화배우, 1949년~)

장애에 부딪혔을 때 절대 돌아가거나 포기하지 말라. 타고 넘든, 뚫고 지나든 어떻게 해서든 그것을 극복할 방법을 만들어 내라.

- 마이클 조던
(Michael Jordan, 미국의 농구선수, 1963년~)

고된 훈련 때문에 경기가 쉬웠다. 그게 나의 비결이다. 그래서 나는 승리했다.

- 나디아 코마네치
(Nadia Comaneci, 루마니아의 체조선수, 1961년~)

힘이 드는가? 하지만 오늘 걸으면 내일 뛰어야 한다.

- 카를레스 푸욜
(Carles Puyol, 스페인 FC 바로셀로나 축구선수, 1978년~)

프로선수는 칭찬을 받을 때 스스로를 컨트롤할 수 있는 능력, 쏟아지는 비난에 상처받지 않는 심장도 가져야 한다

- 박지성
(前 축구선수, 1981년~)

어머니는 나에게 아주 일찍부터 이렇게 가르치셨다. "내가 원하는 것은 무엇이든 이룰 수 있다"고. 그 첫 번째는 목발 없이도 걸을 수 있다는 것이었다.

- 윌마 루돌프
(Wilma Rudolph, 미국의 육상선수, 1940년~1994년)

나는 최선을 다하려 애썼다. 내일 일어날 일보다 오로지 오늘 일어나는 일에만 관심을 뒀다.

- 마크 스피츠
(Mark Spitz, 미국의 수영선수, 1950년~)

두려움은 당신이 하는 모든 것의 일부분이다. 그러나 커다란 위험을 무릅쓴다면 당신은 큰 대가를 얻게 될 것이다.

- 그레그 루가니스
(Gregory Efthimios Louganis, 미국의 다이빙선수, 1960년~)

부록

진심은 언젠가는 반드시 통한다.

저자 소개

대단히 반갑습니다.

다시 일어나 인생 2막을 힘차게 열어갈 Idea공장 일호이앤지 대표 李南恩입니다.

저는 L 社에서 생산기술 분야 24년, 치공구 설계 10년, 설비제조회사 운영 12년 동안 실패 사례, 성공하기 위한 제안, 생산설비의 상세 설계 가이드 등과 관련하여 다양한 경험을 갖고 있습니다. 또한 이 많은 경험을 바탕으로 한 생산기술 중에서 설비와 제품의 인터페이스인 치구 관련 고유기술도 가지고 있습니다.

이 고유기술에는 게이지치구, 검사 및 측정치구, 가공치구, 조립치구, 용접치구, 안내구, 고정구, 공구 등 분야에 기발한 아이디어를 내어서 신경(컨트롤러) 등을 붙이면 Low Cost Intelligent Automation이 되게 하는 강점이 있습니다.

또한 이 기술을 귀사에 접목시켜 제조 경쟁력에 조금이나마 기여를 하고, 어제보다 오늘, 오늘보다 내일도 모레도 치구를 포함한 국가적 생산기술의 향상을 목표로 계속 지향해 나아가겠습니다.

대단히 감사합니다.

사업 소개

제품 만드는 방법을 바꾸고 싶습니까? 이익 창출하고 싶습니까? 재료의 절감, 부품 점수의 절감, 공정 수의 절감, 설비 및 금형대수의 절감, 스페이스의 절감 등 필요시 해결 가능합니다.

제조 경쟁력을 올리고 싶습니까? 1시간 내 최대 생산 방안, Tact Time 의 단축 방안, 가동율의 향상 방안 등 필요 시 해결 가능합니다.

간편자동화, 간이자동화, 치구자동화, Low Cost Automation, Low Cost Intelligent Automation을 하고 싶습니까? 생인화, 생산성의 향상, 품질 정밀도의 향상 등 필요시 해결 가능합니다. 생산량이 적거나 제품의 라이프 사이클이 너무 짧거나, 제품의 공급 방법이 없고 자동화 대응이 곤란하고 모델 변경 시 라인정지 시간이 길어도 해결 가능합니다.

대상사업장. 생산기술이 절실한 업체

과제해결기간. 프로젝트별 추진

과제요청시 자료 제출. 공장방문 협의, 아이디어 도출, 최적제안서 제출까지는 재능 기부. 단, 추가 제작까지 요청시 실 제조비용으로 추진합니다.

| 치구자동화의 사업 분야 |

제품을 가공하는데 있어서 피 가공물을 보지(保持)하는 치구가 필요하다. 이때 가공 정도(加工 情度)와 시간에 직접적으로 영향을 주는 치구(治具)를 보면, 기업의 기술 레벨을 알 수 있다.

측정·검사치구. 편심검사치구, 간격검사치구, V벨트장력 검사치구, V풀리정도 검사치구, 피스톤경사 검사치구, 수압 시험치구, 밸브 누수 시험치구, 베어링조립 검사치구 등

가공치구. 드릴링치구, 선반치구, 밀링치구, 보링치구, 기어절삭치구, 연마치구, 래핑치구 등

조립치구. 스크류 체결치구, 리벳팅치구, 접착치구, 압입치구, 볼트·너트 체결치구, 샤프트 조립치구, 패킹 장입치구 등

용접치구. 가용접치구, 구속치구, 변형방지치구, 용접용 회전치구, 간이자세 교정치구, 원형품 용접치구, 배관용 플랜지용접치구, 납땜치구, 도장치구, 도금치구 등

안내치구. 매가진 적치대, 포토마스크 적치대, 패터롤 적치대, 이동대차 등

고정치구. 코드인쇄 수납대, 본딩 작업대, 특성 작업대 등

측정게이지. 원통형 플러그게이지, C형 스냅게이지, 판게이지, 나사게이지 등

간편자동화, 간이자동화, 치구자동화 분야. 검사, 가공, 조립, 용접 등 치구 메카니즘에다 액츄에이터, 컨트롤러, 센서를 붙이는 작업이다. 즉, 치구 메카니즘(손, 발)+액츄에이터, 컨트롤러, 센서(신경류)를 붙이는 작업을 말한다.

| 태양광발전의 사업 분야 |

태양광발전사업은 지구환경보호와
인류의 미래를 위한 친 환경 에너지사업입니다

➢ **사업내용**

태양광을 이용하여 전기를 생산하는 발전설비를 시설해서 전기를 생산 판매하여 수익을 창출하는 사업

➢ **태양광발전시스템**

1. 태양전지 모듈
    - 태양으로부터의 에너지를 전기에너지로 변환
2. 인버터 (전력변환장치)
    - 태양전지 모듈에서 생산된 직류 전기를 교류 전기로 변환
3. 분전반
    - 적정한 전기적인 부하를 각각의 전기 소모품에 제공
4. 전력량계
    - 외부로부터 들어온 전력량 및 외부로 나간 전력량을 측정

➢ **태양광발전사업의 특징**

- 태양광은 무료이고 무한하다.
- 태양광은 누구나 평등하게 사용할 수 있다.
- 무공해 청정에너지이다.
- 소음이 없다.
- 어느 지역이나 설치할 수 있다.
- 무인관리가 가능하다.
- 장 수명이다 (25년 ~ 60년).

태양광발전사업은 전기료가 올라갈수록 유리한 사업입니다

➢ **전기 부족현상 심화**
- 연간 발전시설용량 증가율 ;5.5%
- 연간 전기 사용 증가율: 6%
- 매년 0.5% 부족현상 발생

➢ **계속해서 오르는 전기요금**

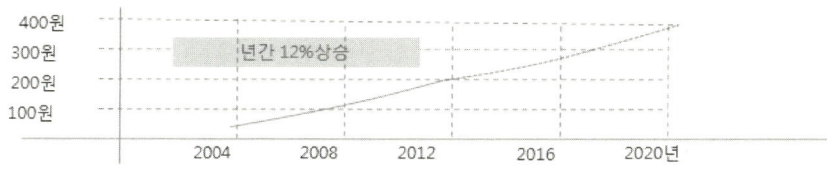

400원
300원   년간 12%상승
200원
100원
2004   2008   2012   2016   2020년

➢ **2군데서 받는 전력판매대금**(전력판매대금 =SMP대금+ RPS대금)
- SMP대금(전력거래소로부터 받는 전력판매대금)

발전사업자 →전기→ 전력거래소 →전기→ 한국전력 →전기→ 발전사업자
         ←대금←   ←대금←   ←대금←

- RPS대금(태양광에너지를 공급촉진을 위하여 받는 일종의 지원금)

발전사업자 →태양광에너지공급인증서판매→ 50만 kw 이상 발전소(13개사)
         ←공급인증서 구매대금지급←

❖ 1. 50만 kw 이상 발전사는 일정량이상의 공급인증서를 의무적으로 구매하여야 함
   2. 모든 결제는 신고된 구좌로 자동입금처리 됨

태양광발전사업은 정부가 지원하는 가장 안전하고 확실한 사업입니다

➢ **사업수행적합대상**
- 공장, 창고, 축사, 학교, 주택 등을 소유한 사람
- 공장, 창고, 축사, 학교 등의 지붕에 대한 장기임대가 가능한 사람
- 전, 답, 임야, 과수원 등을 개발하고자 하는 사람

➢ **태양광발전사업추정수익분석(년 15~20%내외)**

단위:만원

구 분	투자비	월 수입	년 수입	회수기간
건물에 30kw설치 경우	7,500	138	1,660	5년 내외
건물에 50kw설치경우	12,500	231	27,740	5년 내외
건물에 100kw 설치경우	25,000	462	55,480	5년 내외

❖현지사정에 따라 증감이 있을 수 있음

➢ **사업진행절차**

상담전화 — 현장조사 — 제안 — 계약

발전사업허가신청 — 사업자등록 — 개발행위허가신청 — 공작물축조신고(구조계산서)

공사개시신고 — 시공/준공 — 전력판매 → 사후관리

오산시 Ld 社 및 아산시 중소기업 J 社의
특강 내용

저자가 오산시 소재 Ld 社와 아산시 소재 중소기업 J 社에서 강의했던 "생산기술, 치구, 자동화" 관련 요약본을 소개하고자 한다.

| 생산기술의 기본은 '줄이는 기술'이다 |

생산기술은 제품을 만드는 방법 중에서 가장 최적의 시스템을 구축하여 이익을 창출한다. 생산기술의 기본은 다음과 같다.

- 재료를 줄인다.
- 부품 수를 줄인다.
- 공정 수를 줄인다.
- 스페이스(Space)를 줄인다.
- 생산 수단으로 설비 대수를 줄인다.
- 생산 수단으로서 금형 대수를 줄인다.

생산기술은 수학 공식과 같이 정해져 있는 것이 아니라 최적의 생산시스템을 구축하는 것이기 때문에 부단한 도전과 실패가 쌓여 반복이 될수록 생산기술이 점점 업그레이드된다.

경쟁사의 신 제품을 입수하여 그 제품을 분해하고 자체 분석함으로써 경쟁사의 제품 기술력을 명확하게 알게 된다. 그러나 경쟁사에서 제품 만드는 방법을 유추할 수는 없다. 따라서 이 만드는 방법을 결정하는 생산기술은 타사와 차별화 되어야 한다.

생산기술 = Cost 결정기술
생산기술 = 차별화기술

※ L 社의 사업부장 한 말씀 曰

"대부분 생산설비는 유사하므로, 치구를 어떻게 활용하느냐가 비용 절감의 키포인트"라고 했다. 이것이 경쟁력을 확보하는 길이 된다.

| 기술 선진화의 방안 |

최적의 시스템으로 선진화되려면, 다음 세 가지 사항이 필요하다.

선진화 1. 모방하려면 철저히 카피(Copy)를 하라.
선진화 2. 모방하려면 더 좋게 해라.
선진화 3. 역수출해라.

◈ 선진기술을 배우는 방법

일본의 주요 제조업체(Maker)에서는 원리 원칙에 의거 '3現主義(現場·現物·現實)'에 입각하여 생산한다.

선진기술 습득 1. 정석주의(定石主義)는 철저한 모방부터 시작된다.
선진기술 습득 2. 노하우(Know-how)의 포인트를 알아내기 위해, 항상 본인이 스스로 해본다.
선진기술 습득 3. 엔지니어와의 인간 관계를 돈독히 하여 일에 임한다.
선진기술 습득 4. 원리 원칙에 의거하여 성심성의껏 접대한다.

◈ 소니 社의 생산기술센터의 기본전략

무엇이든지 $\frac{1}{2}$으로 줄여라.

기본전략 1. 스페이스(Space), 인원, 모든 면에서 슬림화(Slim)한다.
기본전략 2. 크기 등 제품과 관계없이 반으로 줄인다.
기본전략 3. 목표는 명확히 한다.
  • 어려운 일을 맡기면 검토하지 않고, 무조건 OK 약속을 먼저 해라.
  • 기획 단계에서는 브레인 스토밍(Brain Storming)을 하고, 목표를 달성할 때까지 집에 돌아가지 않고, 모든 스케줄을 비워 놓고, 전심

전력으로 집중해서 최대한 노력을 한다.
- 슬로건은 "세계 최강, 무적의 공장자동화 회사!!!"이고, 꿈은 크고 확실하게 전진한다.
- 생산기술센터의 경영철학에서 "아무거나 다해서는 안 되고 골라서 세계 최강이 되도록 하는 것"은 매우 중요하다.

히로시게 그룹의 사상

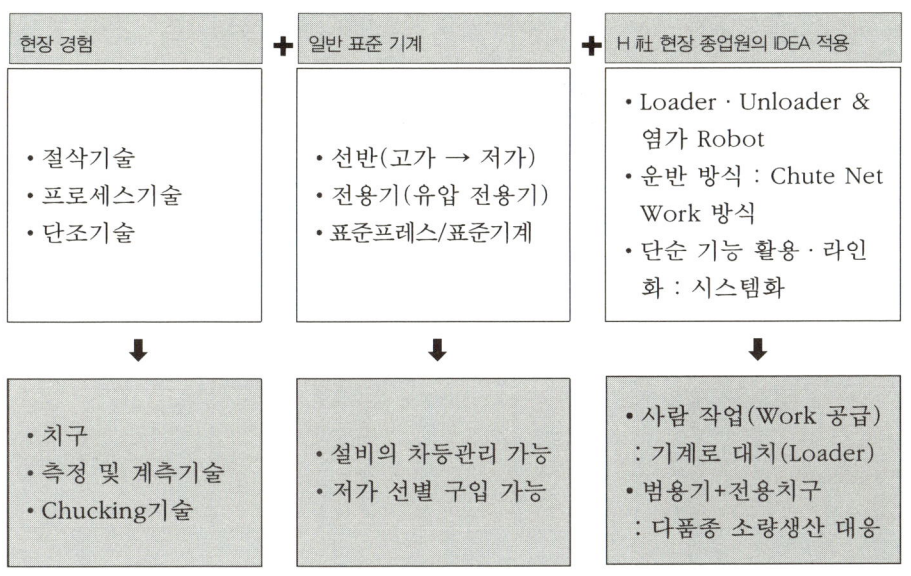

* 포인트
  - 합리화, 생력화의 개념-핵심 기능의 고유기술 개선-주변기기·공정의 개선
  - 소종 다량 생산의 자동화 방식-전용기+Loader·Unloader+중력 이용한 Chute Type의 자동화
  - 다종 소량 생산의 자동화 방식-범용기+치구 취부+Loader·Unloader Type의 자동화

❈ 샤프 社의 공장자동화

현재 생산하지 않는 유휴설비라도, 일본업체들은 기술 유출 때문에 이 설비를 버리지 않고 다른 곳에 팔지도 않는다. 그래서 이 생산설비를 개선하거나 개조하여 사용한다. 설비감가상각비에 부담이 없어서 비용 측면에서 타사 대비 경쟁력이 있다.

사례. 일본의 알프스 社는 1900년대 구입했던 설비를 개조 및 개선해서 생산 제품(Tact S/W)을 생산했고, 포스코텍 社(양산시 소재)는 국내에 들어와 있는 알프스 社의 설비를 국산화에 성공했다. 이로 인해 알프스 社에서는 설비의 판매가격은 1/2로 내렸다.

공장자동화를 중도에 포기하지 않도록 하기 위해서는 '사람들에게 편리하고 친숙하게 만들 수 있도록 해주는 자동화 추진'이라는 철학과 정책이 있어야 한다. 이 철학과 정책으로써 검토해야 할 주요한 사항들은 다음과 같다.

- 목적은 어떠한가?
- 시스템의 구축은 어떠한가?
- 자동화 대응의 제품 설계는 어떠한가?
- 최적의 시스템인가?
- 창조성이 있는가?

❈ 자동화의 위험성 6가지

위험성 1. 생인화 : 무인화가 안 될 경우에는 증인화가 우려된다.
➡ 0.2명 작업자+PM 요원

위험성 2. 품종 적응 불가 시 : 유휴설비가 증가되고 원가도 상승한다. ➡ 고도의 유연성이 겸비된 FA 생산시스템이 필요하다.

위험성 3. 생산설비의 PM 대책이 없을 시 : 설비가동율의 저하 원인이 되고 원가도 상승한다.

위험성 4. 제품 품질의 산포가 불안정 시 : 생산설비가 자주 정지(Small Stop) 되거나 가동율이 저하된다.

위험성 5. 합리화의 초기 수단 시 : 투자가 증대되며 중복 투자가 우려된다.

위험성 6. 일관화(一貫化) 미고려 시 : 라인 발란싱 로스(Line Balancing Loss)가 발생되고 공정상에서 재고가 증가된다.

自動化는 시스템의 총합이어야 한다.
경영전략과 생산전략 : 자동화≠기계화

▩ 자동화 시스템을 가동한 후 발생하는 중요 문제점 3가지

문제점 1. 고도의 기술엔지니어와 고독한 단순작업자만 남는다. ➡ 자동화 추진 시 기존 인원이 남는다.

문제점 2. Mainternance 요원이 증가한다. ➡ 작업자 20~30명당 1명꼴 보전요원과 현장책임자가 있어야 하고, 이들한테는 고도의 기술과 교육 훈련이 필요하다.

문제점 3. 기존 조직의 생산기술 부문(소프트 설계와 시스템 소프트의 기술), 공무 부문(설비 보전, 제어 소프트 분야)에 고급 인력의 장기 육성 계획이 필요하다.

앞에서 설명한 3가지의 중요 문제점을 해결하기 위해서는 조직 내의 공감대 형성과 장기 마스터 플랜의 작성이 필요하다.

결국, 자동화시스템은 편리하지만,
운영을 잘못하면 기업 경영의 '惡'으로 등장한다.

▩ 가라쿠리(からくり[絡繰り], 간이자동화(簡易自動化)의 개선

현장에서 작업자가 스스로 지혜를 내서, '수작업'으로 제작한 결과물은 '창조성이 뛰어나면서 즐겁게 한 개선 방안'이 되어야 한다.

다음 조건을 충족시키는 개선을 '가라쿠리의 개선'이라고 한다.
- '메카니즘은 단순'하고 고장이나 트러블이 발생할 때 대응이 용이해야 한다.(물자의 동력, 스프링, 지레, 캠, 빛, 실, 끈, 톱니바퀴 등 사용)
- '돈이 최대한 들지 않는' 개선이어야 한다.(소액의 재료비와 적은 동력으로 제조되어 있는 것)
- 현장의 낭비와 불균형을 퇴치시켜야 한다.

결국, '품질의 향상, 생산성의 향상, 고장비용의 절감,
보전성의 향상, 점검의 용이, 물류 효율의 향상,
안전성의 향상' 등에 큰 성과를 얻는 개선이어야 한다.

▩ 간편자동화

간편자동화(Low Cost Intelligent Automation, 簡便自動化)는 현장에서 작업자가 스스로 지혜를 짜고 간단하고 편리하게 만드는 장치를 말한다. 그 결과 라인에서 재고는 현재의 1/10 레벨로 감소되고, 품질은 향상(10PPPM 레벨)되면서 생인화를 달성하게 된다.

저자는 "簡易自動化(LCA) 원조 = 簡便自動化(LCIA)의
근본 취지는 같다"고 본다.

| 치구의 개념 |

미국의 경우는 제2차 세계대전 시 무기를 대량 생산 시 적용하였고, 일본은 산업 응용에 확대시켰고, 우리 나라는 1970년대 초 '치구'가 도입되었다.
치구(治具)는 "연장, 도구, 공구, Jig & Fixture, 치공구, 지그" 등등으로 명명되었다. 즉, 대량 생산하는 제품에 있어서 필요한 제조 수단으로 제품의 균일성, 경제성, 생산성을 향상시키는 보조장치이다. 또한 품질의 향상과 관련해서 양산할 제품과 생산 설비의 인터페이스로 사람의 손과 발에 해당된다.

간편자동화, 치구자동화, 간이자동화

먼저 치구(손,발)를 제작하고 이를 시험한 결과가 제대로 되면 해당 치구에 컨트롤러(신경)를 접목시킨다.

치구의 목적은 "안전을 확보하고, 간단하고 쉽고 편안하게 작업하면서, 균일한 품질로 호환성의 확보와 미숙련자도 작업하는데 있어서 용이함" 등이 있다.

▨ 편하게 일할 수 있어야 생산성과 품질이 향상된다

작업 현장에서 반장이나 직장, 주임들은 작업자들로 하여금 어떻게 해야 편하게 일할 수 있는지를 생각하지 않으면 '합리화'가 이루어지지 않는다. 누구든지 아랫사람들을 편하게 해주려고 노력해야 한다는 것이 곧 '자동화·합리화의 기본 사상'이다. 거기서부터 출발하지 않으면, 아무리 합리화의 사례나 원칙, 스킬 같은 외형적인 것을 배워봐야 한계가 있다.

예. 공기도 탁하고 냄새도 나고 해서 작업 환경이 아주 나쁘다면, 작업자의 불만은 많아지고 짜증이 난다.

사례. 저자가 밸브(생산제품)를 만드는 W 社를 방문했을 때, 회사의 상무님이 직접 밸브를 매우 큰 에어드라이버를 가지고 볼트로 조립하는 것을 보았다. 놀라서 상무님한테 "왜 직접 작업을 하냐?"고 물으니, "오늘까지 조립제품을 만들어 납품을 해야 하는데, 외국인 작업자가 갑자기 안 나와 내가 직접 작업한다"고 했다.

그 당시 외국인 작업자는 노동부에 회사를 고발한 상황이었고, 병원에서 진찰을 받았더니 큰 소음에도 다행히 귀는 괜찮았고, 근육통으로 진단받았다.

비용 절감의 측면에서 보면, 외국인 작업자를 채용하는 것은 결국 더 큰 비용이 발생한다. 따라서 3D(Dangerous, Dirty, Difficult) 작업은 단계별로 '부분 자동화'로 개선되어야 회사의 이익이 된다는 것을 알아야 한다. 즉 3D 작업은 先 개선 이후 외국인을 채용해야 한다.

치구는 아이디어의 보물 창고가 되어야 한다. 또한 수학공식처럼 정답은 없으며, 단계별(Step by Step)로 추진해야 한다. 치구를 만드는 입장에서 "어떤 아이디어가 최적인가, 더 좋은 아이디어는 없는가"를 늘 고민해야 한다.

치구 = 아이디어의 집합체

치구자동화의 개발자는 직접 현장에서 작업을 해 보고 불편한 점을 개선하여 만드는 것이 실행 착오를 줄인다. 또한 수학 문제를 푸는 것과 다르게 한 번에 완성되지 않으므로 계속해서 개선을 해야 비로소 치구자동화가 된다.

저자는 "치구의 단계별 개선 회수와 제작 기간의 단축 필요성"을 말하고자 한다. 향후의 치구는 눈에 보이는 하드웨어만 언급했는데(카피 가능), 눈에 안 보이는 소프트웨어에도 많이 응용하여(카피 불가능, 무기화) 경쟁력 향상에 기여되기를 희망한다.

❌ 치구는 '아이디어의 발전소이면서 아이디어의 뱅커'이다
- 벽에다 못을 박으려는데 어떤 치구가 좋을까?
- 돌, 망치의 장점과 단점이 무엇인지?
- 고춧대, 토마토대가 쓰러지지 않게 박는 긴 막대(1m 이상)는 어느 것으로 박으면 편리할까?
- 커피와 프림을 잘 섞게 하려면 무엇을 쓰나?
- 여성 속눈썹을 붙이려면 무엇을 사용하나?
- 골무의 용도는 무엇인가?
- 물놀이용 튜브에 공기를 집어 넣는 방법으로 입으로 불기, 모기약 통으로 넣기, 펌프로 주입하기 중에서 어느 것이 더 효율적인가?
- 높은 곳에 달려있는 감, 매실, 밤을 따려면 어떤 것이 필요한가?

| 풀 프루프의 개요 |

◪ 풀 프루프의 의미

풀 프루프(Fool Proof)는 '바보라도 할 수 있는', '매우 간단한', '과실 방지가 장치된' 등의 의미를 갖고 있다.

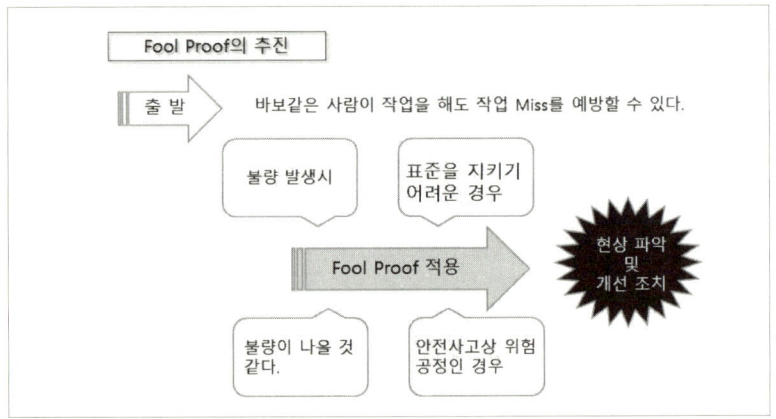

Fool Proof는 100% 좋은 제품을 만들기 위한 보증수표다.

◪ 풀 프루프의 추진 순서

대부분의 사람들은 실수할 확률이 높기 때문에 불량률을 줄이는 데 한계가 있다. 특히 작업자가 서로 교대하는 경우에 더 많은 실수가 발생된다.

제1순위. 수작업의 Fool Proof화
제2순위. 설비 내의 Fool Proof화
참고. 불량제품을 즉시 처리할 때 드는 비용을 1로 본다면, 출고

후 불량제품을 처리하는데 초기 비용의 10배가 들고, 고객 클레임 시 소요 비용은 100배가 넘는다.

풀 프루프의 추진 방법

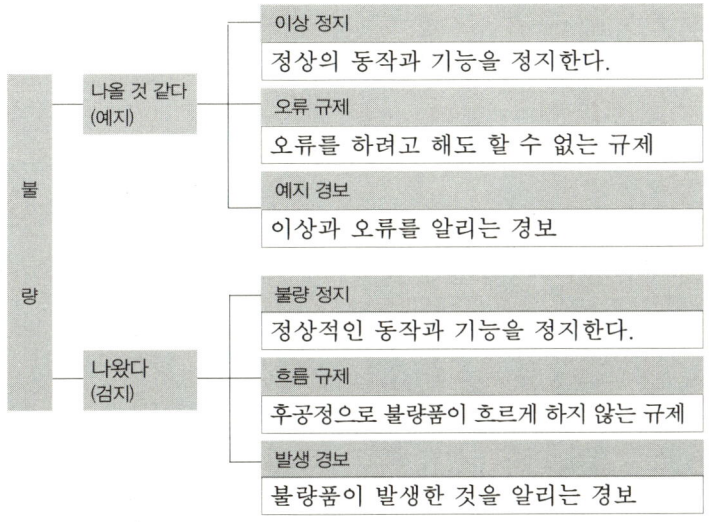

풀 프루프의 사례

사례01. 자동차 시동키를 꽂아두고 차에서 내리면 문이 자동으로 잠겨서 열쇠공을 불러 다시 열어야 했다. 이제는 키를 빼지 않으면 자동차의 문이 잠기지 않도록 되어 있다.

사례02. 사람이 전철에서 타고 내릴 때 문을 닫히는 순간 가방이나 핸드백이 끼면 자동센서에 의해 전동차의 문이 덜 닫혔다고 판단하여 전동차가 출발할 수 없게 되어 있다.

사례03. 2013년 대구역 KTX와 무궁화열차 간의 충돌 사고도 사람의 신호에 의해 열차가 진입해 사고가 발생했다. 그래서 본선에 차량이 지났다고 센서가 감지되면 차량이 진입 못하게 하는 진입방지장치를 만들어야 한다.

사례04 대학병원에서 환자 2명의 차트가 바뀌어 위 절제수술을 받아야 하는 환자가 갑상선 제거수술을 받고 갑상선 환자는 멀쩡한 위를 절제하는 대형 의료사고가 발생했다. 병원에 따르면 수술을 앞둔 위암 초기 환자 박모 씨와 갑상선 환자 전모 씨의 차트가 바뀌어 박 씨는 갑상선 제거수술을, 전 씨는 위 3분의 1 가량을 절제하는 수술을 받았다. 병원 측은 수술 직후 이 사실을 발견하고 박 씨에 대해선 위암 수술을, 전 씨에 대해선 위 복원수술을 다시 실시했다. 두 환자는 같은 날 이 병원의 외과에 입원했으며 수술도 같은 날로 잡혀 있었다. 병원 측은 수술실에서 수술 대기과정 중 차트가 서로 뒤바뀐 것으로 보았다. 병원 관계자는 "수술 전 환자 식별을 위해 손목에 성명 등을 표기한 팔찌를 채우고 마취 전 환자의 인적 사항을 확인하는 등의 준수사항을 제대로 지키지 않은 것 같다"며 "환자 가족과 협상을 진행 중"이라고 밝혔다.

대전 = 이기진 기자 doyoce@donga.com

사례05. 자명종 시계나 스마트 폰의 알람 기능으로 미리 시간을 세트시켜 두면, 벨 소리를 들음으로서 회의시간이나 늦잠을 자는 일이 없다.

사례06. 호텔에 설치되어 있는 욕탕에 어느 정도 수위가 되면 레벨센서의 감지로 부자가 울리면서 물이 멈춘다. 이렇게 함으로써 물이 넘치지 않는다.

사례07. 음식을 따뜻하게 먹으려면 대부분 전자렌지를 사용한다. 이때 원하는 가열시간을 작동시켜 조리가 완료되면 부자가 울려 누가 하더라도 맛있는 요리를 할 수 있다. 또한 냉장고 문을 오래 열거나 세탁기 작업이 완료되면 부자가 울려 현재 상황을 알려준다.

사례08. 가전제품 등의 건전지를 교환할 때 건전지 삽입 위치에 '+, − 기호' 표시와 함께 역 방향으로 들어가지 않도록 한쪽 면은 스프링, 다른 한쪽 면은 판 형상으로 되어 있다.

사례09. 무인 철도건널목을 지나다보면, 열차가 접근하는 상황에 맞춰 신호와 경보로 사전에 알려 주면서 자동으로 차단기를 내려 감으로써 차량이나 사람이 건널목으로 침입하는 것을 방지한다.

사례10. 오토메틱 자동차의 경우 변속기의 절환 레버를 드라이브(Drive)에서 엔진의 시동이 걸리지 않게 한다.

⊠ 풀 프루프는 어떻게 하는 것이 좋을까?

풀 프루프는 작업 현장에서 일어나는 작업 미스를 막는 시스템이나 장치를 만드는 것을 말한다. 무엇보다 어처구니없는 실수를 방지하고자 한다. 또한 생산설비의 기능 안에 불량제품에 대한 검출 장치로, 작은 아이디어와 최소한 비용으로 품질의 안정 및 생산성을 극대화시키는 방법이다.

1단계. 실수 원인을 조사한다

다양한 실수 중에서 작업 미스(Miss)가 대부분이다. 우선 누가, 언제, 어떤 상태로 작업 미스를 했는지를 조사한다. 그러나 어떤 상태에서 실수가 일어났는지 그때의 불합리를 찾아내는 것이 중요하다. 그래서 그 불합리 원인을 찾아 어느 누가 같은 작업을 하더라도 잘못되지 않도록 두 번 다시 같은 실수를 범하지 않는 시스템을 만드는 것이 중요하다.
- 작업 미스가 생기면, 설비가 멈추는 시스템으로 만든다.
- 작업 누락이 생기면, 다음 공정으로 흘러가지 않는 시스템으로 만든다.

2단계. 개선제안제도를 이용한다

예컨대 실수 방지와 관련된 개선제안제도로 한 사람 한 사람에게 구체적으로 기록하여 제안하도록 하면 어떨까?
다음의 개선제안에 해당하는 사례들처럼, 자동화는 Fool Proof 방지에 위력을 발휘한다.

사례 1. 어떤 회사는 조작 판넬의 스위치를 잘못 누르는 미스를 방지하기 위해 모델별로 필요한 세 군데 스위치만 조작되도록 마스크 시트를 만들었다. 당연히 시트는 마그네트 시트로 만들어 교체가 쉽도록 부착도 정 위치로 가도록 되어 있다.

사례 2. 빵이 다 구워지면 자동적으로 빵이 튀어올라오고 히터가 꺼지는 토스터가 있다.

3단계. Fool Proof를 잘 활용한다

제조 미스로 생긴 불량제품은 발견이 어려워 클레임 요인이 되기 쉽다. 예를 들어 스위치를 잘못 누르지 않게 하는 장치, 치구가 잘못되어 다른 부품이 부착되지 않도록 하는 장치 등에 "내 공정은 내가 지킨다"는 마음을 갖고 Fool Proof를 잘 활용하는 것이 바람직하다.

사례 1. 카세트에 카세트테이프를 잘못 집어넣으면 속으로 들어가지 않고 닫히지도 않는다.

사례 2. 전기스토브는 전도되면 자동적으로 불이 꺼지도록 되어 있다.

작업 현장에서도 미스 발생에 의해 큰 사고로 이어질 위험이 예상되는 경우를 대비해 최악 사태를 피하기 위한 연구가 필요하다.

최근에는 안전의 Fool Proof가 대세이다.

❌ 좋은 아이디어를 내는 방법(노부카츠식 발상 12개 방안)

10년 간 내놓은 아이디어 수는 1만 2,500개, 노트 103권 "아이디어 마라톤선수"로 발상력을 연마했다는 일본인 노부카츠(Nobukazu) 씨 이야기이다.

> 아이디어는 1일 평균 3.5개, 1일 30개를 낼 때도 있다. 샐러리맨이 오랜 기간 회사에 근무할 수 있는 비결은 '지구력'을 몸에 베이도록 하는 것이다. 육체적 지구력은 말할 것도 없이 '지적 지구력'도 매우 중요하다. 언제라도 유연한 머리를 유지하여 윤이 나고 싱싱한 아이디어를 내야 한다. 이러한 정신적 젊음을 유지해 가면서 일에 있어서도 인생에 있어서도 당연히 활용 가능성은 크고 넓다. '지적 지구력'의 트레닝에 여념이 없다. 상사(商社) 맨이나 사우디아라비아에서 근무 중에도 1일 1개 이상의 아이디어를 끄집어내서 노트에 기록해(아이디어 냉장고) 두는 것으로 '아이디어 마라톤선수'가 되는 독자적 발상법을 고안하여 이것을 실천해왔다.

"노부카츠식 발상 12개 방안"에서는 아이디어는 누구라도 낼 수 있다는 지론으로 "내지 않는 것이지 나오지 않는 것이 아니다"고 말한다.

- 모든 제품은 두말할 나위도 없이 진화한다. 소프트 아이디어는 하드보다 중요하다.
- 인간의 뇌미층은 아직 1%도 활용하지 않고 있다. 아무리 활용해도 가열 고장이 없다.
- 1개 아이디어를 생각해서 구체화하는 시간은 3초 뿐이다.
- 생각해 낸 아이디어를 잃어버려도 2일 이내라면 생각난다.
- 아이디어를 내다 버려도 다시 나온다. 1개 아이디어에 집착하지 마라.
- 나온 아이디어는 필히 적어 둔다. 매일 1개의 아이디어를 내는 것을 몸에 베이게 하라.
- 아이디어는 나올 때에 정리해 둔다.
- 노트 지면을 아끼지 마라.
- 생각해 낸 아이디어는 친구나 가족에게 말하라.
- 100개의 아이디어를 낸다. 그것이 다음 아이디어를 만든다(아이디어의 재생산).
- 아이디어를 내려고 시작하면 부속 아이디어가 10개 나온다.
- 아이디어가 많이 나온다고 자만하지 말라. 아이디어를 원하는 사람은 점점 아이디어가 계속 떠오른다.

매사 아이디어를 끄집어 내 노트에 기록하거나 휴대폰에 메모해 놓는다면, 어떤 문제점이 발생하거나 궁지에 몰렸을 때 이미 생각해 놓았던 아이디어와 더불어 계속 생각하다보면 '더 새로운 아이디어는 나오고 동시에 간접적으로는 스트레스 해소'에도 좋은 효과가 있게 된다.

아이디어는 낡은 요소의 새로운 배합이다.

▨ 아이디어는 사람을 행복하게 한다

아이디어는 특별히 어려운 기술일 필요는 없다. 일상 속에서 '이것이 불편하다' 혹은 '이런 것이 있으면 좋을텐데' 라고 느끼는 것들이 있으면 된다. 이것이 바로 발명의 힌트가 된다. 우리 주변에서 사소하게 불편하게 느꼈던 것들을 개선하고자 하는 자체가 아이디어가 되는 것이다.

좋은 아이디어는 사람을 행복하게 한다. 무엇보다 중요한 것은 '호기심으로 기존 제품이나 상품에 만족하지 말고, 시중의 물건이나 상품을 보고 만져 보고 항상 어떻게 하면 더 편리하게 될까?'를 생각하는 그 호기심만 있으면 누구라도 낼 수 있다.

13억 2천만 원 까먹었다~
Why

초판발행 2014년 8월 11일
지은이 이남은　**펴낸이** 김정희
편　집 김순자　**디자인 및 제작** 빅핸드
펴낸곳 42애비뉴
주　소 서울시 강남구 도곡동 955-20(도로명: 서울시 남부순환로 359길 15)
전　화 02-578-3383　/　**팩스** 02-579-3383
신고번호 제2010-000150호
I S B N　978-89-964534-4-4 13320

잘못된 책은 구입하신 서점에서 교환해 드립니다.
책 가격은 뒤표지에 표시되어 있습니다.
E-mail : leenameun00@naver.com 010-2313-4100

Copyright © 2014 이남은
이 책의 저작권은 이남은과 42애비뉴에 있습니다.
저작권법에 의해 보호를 받는 저작물이므로 무단 복제 및 무단 전재를 금합니다.